말씀의 비밀

1

말씀의 비밀 1

ⓒ 오주아, 2024

초판 1쇄 발행 2024년 10월 3일

지은이   오주아
펴낸이   이기봉
편집   좋은땅 편집팀
펴낸곳   도서출판 좋은땅
주소   서울특별시 마포구 양화로12길 26 지월드빌딩 (서교동 395-7)
전화   02)374-8616~7
팩스   02)374-8614
이메일   gworldbook@naver.com
홈페이지 www.g-world.co.kr

ISBN   979-11-388-3571-8 (03230)

오주아 지음

말씀의 비밀 1

성경을 위한 지침서

좋은땅

1번째 말씀의 비밀을 내며

이 시대는 요한계시록이 실현되는 시대입니다.

저는 요한계시록에 등장하는 사람입니다.

저는 요한계시록의 증인이 되며 계시록의 예언을 체험하고 목격한 사람입니다.

그리고 예수께서 "너는 나의 유일한 황후이며 다른 여자와 잠자리 또한 없을 것이며 다른 부인이나 황후를 들이지 않으리라" 하시며 저에게 맹세와 약속과 언약을 하셨습니다.

"나를 사랑하느냐"고 물으셨습니다.

"주님을 사랑한다" 대답하니 주께서는 "양을 먹이고 양을 치라" 하셨습니다.

저는 각 교회에 있는 주님의 양들을 사랑합니다.

주께서 저 자신에 대하여 밝히라 하여 밝힙니다.

주님의 말씀은 제가 책을 쓴 계기가 되었습니다.

주님께 모든 영광을 돌립니다.

저는 주께서 주님의 양들을 돌보라는 말씀에 성령의 감동을 힘입어 주님에 대한 책을 만들게 되었는데 그것은 사람들에게 성경 말씀을 좀 더 알기 쉽게 알리고자 성경말씀을 쉬운 말로 설명하는 것이었습니다.

비둘기 같은 성령, 보혜사는 제 마음에 오셔서 책을 쓰도록 감동을 주셨습니다.

　본문 중에는 성삼위일체께서 직접 말씀하셔서 쓴 것도 있습니다.

　이 책으로 인해 많은 교회의 양들과 사람들이 하나님의 살아 계심을 알고 성경에 관하여 눈이 밝게 되어 하나님 앞에 만족 없던 삶에 만족을 얻고 하나님으로부터 삶의 기쁨을 부여받아 살게 하며 인류를 향한 하나님의 뜻이신 "천국에 들어갈 자가 많으면 많을수록 좋다" 하신 말씀처럼 천국 백성이 많아졌으면 하는 바람입니다.

　저는 책을 쓰기 전 예수님께 순종하여 인터넷으로 소셜네트워킹을 통해 매일 말씀과 해석을 게재하였습니다.

　어느 정도 시간이 흐르자 제 글을 읽고 있는 여러 교회의 양들의 체력이 강해져서 '슈퍼 양'이 되었습니다.

　그들이 제가 게재한 말씀을 읽고 조용히 혼자서 예배를 드리자 '로보캅'처럼 강해졌다는 말씀을 듣고 양의 숫자를 세니 예수께서 양들을 보여 주신 것에 비하여 턱없이 부족한 숫자의 양들이 글을 읽고 있었습니다.

　양들 이외에의 사람들은 책을 읽음으로 하나님의 은혜를 얻게 될 것입니다.

　저는 예수님의 말씀에 순종하는 마음으로 이 책을 만들었기에 책을 읽는 양들이 튼튼해지고 많아지길 바라는 마음입니다.

　《말씀의 비밀》은 예수님의 말씀의 인침을 통하여 쓰인 영의 양식이며 영양제로 사람들이 교회를 다니면서 영양 보충이 되도록 만들어진 책입니다.

　영이 굶주리거나 배고플 때 주기적으로 책을 읽으면서 영의 양식을 받기를 소망합니다.

혼자 있을 때 또는 몇 명이 모여 있을 때 간단한 예배를 드리기 편하도록 말씀들을 각각 나누어 놓았습니다.

성경말씀과 제가 설명한 것을 읽고 예배하면 신앙생활에 도움이 됩니다.

책을 읽으면 예배드릴 때 양 치는 목자를 따라 다니며 체력이 단련되어 힘이 강해지므로 사자가 잡아먹으러 와도 이 책을 읽고 예배하는 양들은 예수님과 함께 힘을 합쳐 사자를 죽일 수 있는 힘을 가지게 됩니다.

이 책을 읽고 양들이 승리하는 삶을 살아가길 기도합니다.

2번째 저서에는 신약성서 중 요한계시록의 목격자이자 경험자로서 제가 겪은 사실대로 기술할 예정입니다.

기도해 주신 대전 가양 감리 교회 전석범 목사님, 대전 영천 감리 교회 정일환 목사님, 부모님과 출판에 도움을 준 친구에게 감사의 마음을 전합니다.

* 본서에서 인용하고 있는 대한성서공회 발행의 성경전서 개역개정판 (2005년 11월 제4판)은 대한성서공회의 허락을 받아 사용하였습니다.

이르되 찬송하리로다 주의 이름으로 오시는 왕이여 하늘에는 평화요
가장 높은 곳에는 영광이로다 하니
무리 중 어떤 바리새인들이 말하되 선생이여 당신의 제자들을 책망하
소서 하거늘
대답하여 이르시되 내가 너희에게 말하노니 만일 이 사람들이 침묵하
면 돌들이 소리 지르리라 하시니라
가까이 오사 성을 보시고 우시며
이르시되 너도 오늘 평화에 관한 일을 알았더라면 좋을 뻔하였거니와
지금 네 눈에 숨겨졌도다

제자들은 예수님이 탄생했을 때의 목자들처럼 기쁨의 찬송을 불렀고
죄 많은 바라새인들은 이를 죄라 말하였습니다.
예수님을 바라보면 입술이 저절로 열려 찬양이 흘러나오므로 예수께
서는 이를 강제로 막는다 하여도 길가의 돌들이 대신하여 소리 낼 것이라
하셨습니다.
죄 많은 바리새인들은 예수님을 바로 바라보고 찬양할 수 있는 기쁨의
눈을 뜰 수 없었습니다. 그들의 죄가 예수님에 대한 평화의 진실을 볼 수
있는 눈을 막았기 때문입니다. 이들은 불행한 자입니다.
주께서는 진실을 바라볼 수 없는 장님이던 바리새인을 안타깝게 바라
보셨습니다. 예수님은 불행한 자들을 긍휼이 여기신다는 것을 기억해야

합니다. 예수께서는 사랑의 하나님과 같이 불행한 자를 불쌍히 여기십니다. 불행하여 낙심한 자에게 주님은 위로하시는 분이며 보호하십니다.

또 한 사람이 와서 이르되 주인이여 보소서 당신의 한 므나가 여기 있나
이다 내가 수건으로 싸 두었었나이다
이는 당신이 엄한 사람인 것을 내가 무서워함이라 당신은 두지 않은 것
을 취하고 심지 않은 것을 거두나이다
주인이 이르되 악한 종아 내가 네 말로 너를 심판하노니 너는 내가 두지
않은 것을 취하고 심지 않은 것을 거두는 엄한 사람인 줄로 알았느냐
그러면 어찌하여 내 돈을 은행에 맡기지 아니하였느냐 그리하였으면
내가 와서 그 이자와 함께 그 돈을 찾았으리라 하고
곁에 섰는 자들에게 이르되 그 한 므나를 빼앗아 열 므나 있는 자에게
주라 하니
그들이 이르되 주여 그에게 이미 열 므나가 있나이다
주인이 이르되 내가 너희에게 말하노니 무릇 있는 자는 받겠고 없는 자
는 그 있는 것도 빼앗기리라

한 므나를 받은 사람은 주인이 엄하여 원금 이외에 아무 돈도 취하지 않
을 것이라 여겼습니다.
그리고 두지 않은 것을 취하고 심지 않은 것을 취하는 이중적인 성격의
소유자라며 말을 숨겨 가며 주인을 비난하였습니다. 그는 주인을 두려워
하는 체하며 주인을 조롱하였습니다. 예수께서는 돈을 벌고 불리는 경제
활동을 악하다 여겨 땅에 묻어 돈을 썩히는 게으르고 악한 자를 말씀하시

며 그 있는 것도 빼앗기게 된다고 말씀하셨습니다.

　돈을 썩히는 것은 미련하고 게으르며 악한 것입니다.

　있는 돈을 사용하여 열매를 얻도록 일해야 합니다.

　예수님의 비유는 농사짓는 것과 같이 돈을 벌어 수확하는 일을 해야 한다는 것과 일맥상통합니다.

　가을철 열매를 걷어야 할 때 여러 분야에서 충성된 종이 되도록 예수님의 비유를 마음에 두어야 합니다.

아버지께 대답하여 이르되 내가 여러 해 아버지를 섬겨 명을 어김이 없
거늘 내게는 염소 새끼라도 주어 나와 내 벗으로 즐기게 하신 일이 없
더니
아버지의 살림을 창녀들과 함께 삼켜 버린 이 아들이 돌아오매 이를 위
하여 살진 송아지를 잡으셨나이다

성실하게 믿음생활을 하고 하나님의 말씀을 어기지 않는 자가 주님으
로부터 작은 상이라도 주신 일이 없음을 불만을 드러내며 죄만 짓던 사람
에게는 돌아왔다고 큰 상을 주며 맞이하신 하나님께 불합리하다고 주장
하지만 본문에서는 성실한 자는 늘 하나님과 함께하여 하나님의 마음에
항상 흡족하였지만 하나님의 아픈 손가락인 세상으로 떠난 자에 대하여
하나님은 항상 마음 아파하였고 그 사람이 돌아오자 아픈 마음이 큰 기쁨
으로 변하였기에 '나를 기쁘게 하는 자'라며 돌아온 그에게 상을 내려 주
시고 옷을 갈아입히고 잔치를 베풀어 주셨습니다. 하나님의 마음을 슬프
게 하였다가 기쁘게 하였으므로 돌아온 그에게는 응답도 빠르고 상도 많
이 주어지는 것입니다.
　가끔 양들 중에 소원을 들어주지 않는다며 무리에서 이탈하여 멀리 길
을 떠나려고 하는 양이 있어 그것을 들으신 주님이 갑자기 소원을 들어주
시는 일이 있습니다. 이것은 표적이니 이런 방법은 표적을 가리게 되므로
흔하게 사용하지 말아야 합니다.

베드로와 야고보와 요한을 데리고 가실새 심히 놀라시며 슬퍼하사
말씀하시되 내 마음이 심히 고민하여 죽게 되었으니 너희는 여기 머물
러 깨어 있으라 하시고
조금 나아가사 땅에 엎드리어 될 수 있는 대로 이 때가 자기에게서 지나
가기를 구하여
이르시되 아빠 아버지여 아버지께는 모든 것이 가능하오니 이 잔을 내
게서 옮기시옵소서 그러나 나의 원대로 마시옵고 아버지의 원대로 하옵
소서 하시고

예수께서는 십자가에 달리기 전날 밤 많은 심적 고통을 겪었습니다. 인
간으로써 죽음의 고통을 두려워하였습니다.

이것은 예수님의 가장 인간적이며 진실된 심리를 보여 줍니다. 자연스
러운 노화에서 만나는 죽음 이외에 모든 죽음은 인간에게 공포를 가지게
합니다.

예수님이 하나님 아버지께 구하시는 기도를 할 때 제자들이 깨어 있으
며 예수님의 고통을 나누며 하나님께 호소하는 기도를 드려야 했습니다.

그래야 하나님 아버지의 마음이, 이때가 지나가기를 바라는 예수님과
일치하게 되기 때문입니다.

예수께서는 하나님의 마음이 자신과 같기를 바라셨습니다. 예수께서는
하나님의 마음을 따르는 분이기 때문에 서로 일심동체가 되기를 원하셨

습니다.

그러나 제자들은 자고 있었고 완전한 기도가 될 수 없어 하나님이 마음을 바꾸시지 않으셨고 예수께서는 결국 십자가형을 받으시고 하나님 뜻대로 하나님의 계획을 완성하셨습니다. 짧은 기간 인간들과 함께하시다가 하늘로 승천하셨지만 예수께서는 결국 아버지의 말씀대로 모든 것을 실행하셨고 그렇기에 부활하신 주께서 믿는 자들과 세상 끝날 때까지 함께하신다 하신 말씀을 반드시 믿어야 합니다. 기도해야 합니다.

여호와께서 이르시되 네 아들 네 사랑하는 독자 이삭을 데리고 모리아
땅으로 가서 내가 네게 일러 준 한 산 거기서 그를 번제로 드리라

이스라엘 이외의 다른 족속들 가운데 자기 자식을 제단에 바치고 불이
아이를 지나가게 하는 우상숭배 의식이 있었습니다.

하나님께서는 이를 보시고 아브라함에게 자식을 제물로 바치라고(이방
신들에게 하는 의식과 같은 것을 시행하라) 시험이라는 힌트를 주시며 말
씀하셨습니다.

원래 이방신에게 하는 의식은 여호와께서 함께하시지 않습니다.

그러나 순수한 아브라함은 이를 따라 하나님의 시험에 이끌려 순종하
려 하였습니다.

아브라함은 하나님께 마음을 비운 사람입니다.

이런 아브라함을 본받아 하나님이 늘 바라보는 사람이 되어야 합니다.

주께서 주의 손으로 뭇 백성을 내쫓으시고 우리 조상들을 이 땅에 뿌리 박게 하시며 주께서 다른 민족들은 고달프게 하시고 우리 조상들은 번성하게 하셨나이다

고대에 이스라엘이 영토를 얻을 때는 먼저 살던 토착민을 내쫓아 얻었습니다.

다른 민족들이 악하기 때문에 그들의 길이 고달팠고 그들 대신 이스라엘이 번영하게 되었습니다.

이 역사적 사실은 현대의 이스라엘의 영토 전쟁과 유사한 점을 지니고 있고 본문 말씀을 돌아보며 영토를 얻는 과정과 그 단계를 짐작할 수 있습니다.

그런데 이스라엘과 팔레스타인의 전쟁에서는 성경에 기록된 시대의 가장 중요한 "주께서 주의 손으로 뭇 백성을 내쫓으시고" 이 부분에서 이스라엘의 상황이 어느 단계에 와 있는지를 알게 합니다.

문제의 해결이 아직도 초기 단계에 머물러 있고 상황이 나아지지 않아 이스라엘이 초조한 때를 거쳐 가고 있습니다. 이스라엘은 하나님의 손을 기다려야 합니다.

그들은 위기를 겪고 있습니다. 다만 현재 팔레스타인도 하나님을 찾고 있어 여호와께서 옛날처럼 내쫓기 불편한 상황입니다.

그리고 이스라엘이 과거에 여호와께 지은 죄가 모두 용서받지 못하였

습니다.

그러므로 바른 여호와의 율법과 예수 그리스도의 법으로 하나님을 찾아야 합니다.

내 영혼아 네가 어찌하여 낙심하며 어찌하여 내 속에서 불안해하는가
너는 하나님께 소망을 두라 그가 나타나 도우심으로 말미암아 내가 여
전히 찬송하리로다

연약한 영혼을 스스로 다독이는 것으로 육신의 장막 안에서 두려워 말
고 하나님을 믿으면 그분의 도움이 있어 두려움과 낙심대신 하나님을 찬
송하게 됨을 알리는 말씀입니다.

하나님을 믿고 의지함은 큰 파도와 우뢰가 있어도 반석 위의 집이 있는
것과 같고 그 집을 가리는 하나님의 날개가 머리 위에 있는 것과 같으니
하나님을 믿고 의지하는 사람은 든든하고 안전한 길을 걷게 됩니다. 항상
마음에 새기며 입술로 시인해야 합니다.

인자야 너는 두로 왕에게 이르기를 주 여호와께서 이같이 말씀하시되
네 마음이 교만하여 말하기를 나는 신이라 내가 하나님의 자리 곧 바다
가운데에 앉아 있다 하도다 네 마음이 하나님의 마음 같은 체할지라도
너는 사람이요 신이 아니거늘

두로 왕은 머리가 비상하여 많은 것을 알았고 왕의 자리로 높은 권세를
얻었고 두로 왕의 위치가 하늘 높이 올랐고 다스리는 나라가 커서 바다를
지났을 뿐 그의 권세를 빼앗고 앉아 있는 자리를 빼앗으면 그의 정체는
사람임이 탄로 납니다. 인간세계에서 신의 아들로 인정한 사람은 예수 그
리스도 한 분밖에 없습니다.

두로 왕은 높은 자리에 올라 하나님의 마음을 따라서 마음을 먹었고 그
는 본문에 기록된 대로 높은 자리에 오른 사람 중 한 사람에 불과합니다.

그의 교만함을 알게 하려고 그다음 성경구절들에 기록된 바 "여호와께
서 사람을 보내어 쳐서 죽게 할 것이라 죽음 앞에서도 나는 하나님이라
할 것이냐"고 말씀하셨습니다.

교만하면 가진 것을 빼앗기니 마음을 바르게 하여야 합니다.

여호와께서 엘리야를 통하여 하신 말씀 같이 통의 가루가 떨어지지 아니하고 병의 기름이 없어지지 아니하니라

엘리야의 기적은 신약성서의 예수님의 오병이어의 기적과 유사합니다. 지금도 지구촌 곳곳에 식량이 부족한 나라들이 있지만 옛날에는 더했습니다.

그런 와중에 음식이 줄어들지 않는 기적은 가뭄의 단비이며 사람들을 살리는 위대한 기적입니다.

시대가 지나면서 기적이란 표적을 주는 것이 되었습니다.

모세가 이끌던 이스라엘에게는 하나님의 기적이 민족 전체에 임했으나 그 이후에는 표적을 주는 기적으로 바뀌었습니다.

민족의 고난이나 문제를 해결해 주는 기적보다도 여호와의 역사하심을 나타내는 것이 표적이 되었습니다. 이것은 예수님 시대까지 지속되었습니다.

예수님 시대에서는 예수님의 승천 후 제자들은 기도를 통해 각자 기적을 체험하고 믿었습니다.

하나님의 뜻과 계획은 시대를 지나면서 바뀌며 변화해 갑니다. 큰 계획 속에 작은 변화들이 있는 것이 하나님의 뜻입니다. 하나님을 믿고 의지하고 그분의 계획 안에서 하나님을 따르면 옳게 걷는 양이 됩니다.

양들은 하나님의 사랑 안에서 예수님의 사랑을 전해야 합니다.

온 이스라엘 가운데에서 압살롬 같이 아름다움으로 크게 칭찬 받는 자
가 없었으니 그는 발바닥부터 정수리까지 흠이 없음이라

여호와께서 태초 전부터 계획하신 일중에 가장 큰 사건인 예수님의 탄
생에서 볼 수 있는 것은 예수님이 말구유에 뉘인 가운데서 하나님의 영광
이 나타났다는 것입니다. 예수께서 하늘에서 가지고 계신 화려함과 위엄
과 아름다움을 이 땅에 실현하기 전에 다윗 왕조에서 왕들을 통하여 하늘
의 영광과 함께 존재하던 지상의 영광을 다 사용하였습니다.

예수님의 외모가 초라하다고 예언되어 있는데 이 또한 다윗 왕조의 압
살롬이 예수님 외모를 가지고 태어난 이유로 말미암아 예수님께서 땅에
오시며 받아 누리시는 것이 초라하게 되었습니다.

압살롬은 외모로 반역을 일으켰고 요압 장군에게 죽게 되었습니다.

예수님은 탄생 전부터 자신의 지상의 영광을 다 내어 주실 만큼 인류에
게 사랑이 많으십니다.

예수께서 태어나실 때 평범한 침대조차 허락되지 않을 만큼 하늘에 계
실 때의 예수님의 영광을 다 사용한 다윗의 자손이 되신 아기 예수님에게
하늘의 하나님의 영광만이 밝게 빛나고 있었습니다.

그리고 훗날 십자가에 달려 자신의 모든 것을 인류에게 주시고 운명하
셨으며 부활하여 하늘로 떠나셨습니다.

예수님은 탄생 전부터 아가페적 사랑을 실현하셨습니다. 그런 인류애

는 아무도 가질 수 없는 소중한 것입니다.

인간들에 대한 사랑은 고뇌와 고통의 끝인 사망을 통하여 증명하였고 증명 후에는 부활하심으로 영생을 보이셨으니 예수님을 올바르게 이해하며 믿어야 합니다.

요한복음 1:33

나도 그를 알지 못하였으나 나를 보내어 물로 세례를 베풀라 하신 그이가 나에게 말씀하시되 성령이 내려서 누구 위에든지 머무는 것을 보거든 그가 곧 성령으로 세례를 베푸는 이인 줄 알라 하셨기에

물로 세례를 주는 것은 세례 받는 자에게 생명을 주심이며 성령의 세례를 주심은 받는 자에게 영생을 주시는 의식입니다.

주께서 사랑하는 양들은 세례를 받아 거듭나게 되었습니다. 세례란 하나님의 약속을 뜻하기도 합니다.

사랑과 영생과 생명은 모두 주의 것으로 주 안에 있으며 주께로부터 나오는 것임을 알아야 합니다.

그러므로 주님께 감사하는 삶을 살아가야 합니다.

말라기 3:6

나 여호와는 변하지 아니하나니 그러므로 야곱의 자손들아 너희가 소
멸되지 아니하느니라

여호와께서는 이스라엘을 사랑하는 그 마음이 변하지 않는다 하셨습니
다. 그러므로 이스라엘이 세상에서 사라지지 않는다고 하셨습니다.

이스라엘은 역사적으로 전쟁으로 인한 포로생활도 많이 하였고 나치의
대학살을 겪었으며 이스라엘은 중간에 타락할지라도 혼나면서 결국 꿋꿋
이 하나님을 믿으며 살며 세상에 영향력을 가장 많이 끼치는 민족이 되었
습니다.

하나님의 백성은 하나님께서 치심 가운데에서도 주께서 지키시니 하나
님의 백성은 회개하여 재앙을 피하고 하나님의 사랑을 되찾아 완전한 삶
을 얻어야 합니다.

출애굽기 14:3, 14:21

바로가 이스라엘 자손에 대하여 말하기를 그들이 그 땅에서 멀리 떠나 광야에 갇힌 바 되었다 하리라

모세가 바다 위로 손을 내밀매 여호와께서 큰 동풍이 밤새도록 바닷물을 물러가게 하시니 물이 갈라져 바다가 마른 땅이 된지라

오래전 이스라엘의 자손은 이집트에 갇혔습니다.

이집트 신은 이집트가 번영하고 풍요로운 국가임을 파라오에게 말하고 자신이 이집트인들처럼 이스라엘인들을 숫자를 늘리고 번영하게 하였다며 이스라엘인에 대한 소유권을 주장했습니다.

결국 하나님은 파라오의 마음을 완악하게 변하게 하시며 10가지 재앙을 보이시고 파라오가 믿는 이집트 신보다 이스라엘 신이 높다는 것을 알게 하셨습니다.

가까스로 이집트에서 나온 이스라엘에게 하나님은 이집트 신에 대한 최후통첩으로 이집트 신이 성기로 이스라엘을 막자 여호와께서 이집트 신의 성기를 잘라 걸어 놓으니 바로 그때 홍해를 가르게 되었습니다.

이집트인은 이집트 신의 자궁 안에서 살고 있었습니다. 이집트 신과 이집트는 이스라엘을 지리적으로 앞뒤를 막아 놓고 아무도 빠져나갈 수 없게 한 상황이라 하나님께서 특단의 조치를 취하셨습니다. 하나님의 기적은 마지막 때가 되면 하나님의 것임이 드러납니다.

존귀하나 깨닫지 못하는 사람은 멸망하는 짐승 같도다

날 때부터 존귀한 자가 그것을 스스로 깨닫지 못하면 자신의 존귀함을 모르며 사람이 지켜야 할 규례를 어기고 나쁜 권력을 쥐고 살게 되면서 인간이 지켜야 할 법령을 지키지 않는 짐승과 같아짐을 경고합니다.

아무리 존귀하여도 하나님의 규례를 깨닫지 못할 땐 짐승입니다. 동물이 되지 않도록 자신을 알아야 합니다.

우리의 조상들은 범죄하고 없어졌으며 우리는 그들의 죄악을 담당하였
나이다

구약 시대에 야훼께서 이스라엘 백성들을 율법으로 정화하려 하였으나 분노하신 여호와께 사람들의 죄를 없애 줄 제사는 한계가 있었고 그것이 대를 이어 죄악이 늘어나 이스라엘 내부에 존재하고 있어 나라가 자주 침공을 받아 흩어지기도 하였으며 여자들은 발가벗겨지는 치욕을 겪고 남자들은 노예가 되는 등 여호와께서 이스라엘의 죄가 없어질 때까지 이스라엘의 피 값을 계속 받으셨습니다.

차츰 여러 시대를 지나며 하나님께서는 태초 이전의 계획이셨던 메시아를 이스라엘에 보내어 이스라엘 백성 모두가 감당하던 선조들이 지은 죄를 불사를 계획을 선지자의 예언을 통하여 말씀하셨습니다.

본문의 말씀대로 새 시대를 사는 사람들의 눈앞이 캄캄하게 되어 죄 때문에 모두들 구푸리고 다녀야 했습니다. 원죄 아닌 민족의 죄가 그들을 억압하였고 구속하였습니다. 다들 땅 위에서 지옥을 맛보았습니다. 그래서 의로운 것을 가지려고 지옥에서 울부짖는 사람들처럼 이스라엘은 고통받았습니다. 이런 어둠의 숲에서 어린양 예수께서 나시어, 굳세고 튼튼하신 우리 왕께서 세상의 모든 죄를 짊어지셨습니다.

예수님께 감사하는 삶을 지속해야 합니다.

마태복음 26:53-26:54

너는 내가 내 아버지께 구하여 지금 열두 군단 더 되는 천사를 보내시게
할 수 없는 줄로 아느냐
내가 만일 그렇게 하면 이런 일이 있으리라 한 성경이 어떻게 이루어지
겠느냐 하시더라

예수께서는 항상 하늘의 호위를 받으셨고 그 영광을 하나님께 드렸습니다. 언제든 호위 천사를 불러 명하면 사람들의 공격에서 빠져나올 수 있는 하늘의 권세를 가지고 계셨습니다. 그러나 아버지께서 선지자에게 주셨던 예언을 성취하기 위해 모든 것 위에 하나님 아버지의 뜻을 우선시 하셨습니다. 예수께서는 인간들에게 예언을 성취하고 이루시는 자로 기억되고 있습니다.

하나님께서는 예수님을 보호하기 위해 천사를 보내 사람을 공격하고 죽일 수도 있었습니다.

모든 권세를 가진 분임에도 그가 죽으셔야 했던 십자가 처형전날 밤 그 밤은 고요했고 제자들은 평안하였으며 아무 말이 없었습니다. "우리가 지켜 드리겠다"라든지, "몸을 피하는 게 어떠신지" 등 의논하거나 격분하는 제자 또한 없었습니다.

이상하게도 고요한 이 상황은 모든 것을 예정된 대로 흘러가게 합니다.

예수님의 고뇌는 보는 이의 마음을 아프게 합니다.

끔찍한 일을 미리 아신 주께서는 인간으로써의 두려움을 제거하기 위

해 기도하셨습니다.

그리고 강건하여 일어섰으며 인류를 위한 크고도 위대한 일을 행하기 위해 잡혀가셨습니다.

그분은 인간이 가지는 본성과 인간의 마음 대신 공생애를 통하여 하나님의 아들임을 드러내셨습니다.

인간에게 주어진 죽음이라는 것을 예수님께도 강요하였고 결국 그 죽음은 예수께서 완전한 신의 모습을 갖추게 하고 부활하여 승천하게 하였습니다.

예수 그리스도, 그분의 죽음은 인간으로써의 끝을 보이시고 새로이 변화된 성육신의 시작입니다.

발람이 아침에 일어나서 자기 나귀에 안장을 지우고 모압 고관들과 함께 가니

그가 감으로 말미암아 하나님이 진노하시므로 여호와의 사자가 그를 막으려고 길에 서니라 발람은 자기 나귀를 탔고 그의 두 종은 그와 함께 있더니

나귀가 여호와의 사자가 칼을 빼어 손에 들고 길에 선 것을 보고 길에서 벗어나 밭으로 들어간지라 발람이 나귀를 길로 돌이키려고 채찍질하니

여호와의 사자는 포도원 사이 좁은 길에 섰고 좌우에는 담이 있더라

나귀가 여호와의 사자를 보고 몸을 담에 대고 발람의 발을 그 담에 짓누르매 발람이 다시 채찍질하니

여호와의 사자가 더 나아가서 좌우로 피할 데 없는 좁은 곳에 선지라

나귀가 여호와의 사자를 보고 발람 밑에 엎드리니 발람이 노하여 자기 지팡이로 나귀를 때리는지라

여호와께서 나귀 입을 여시니 발람에게 이르되 내가 당신에게 무엇을 하였기에 나를 이같이 세 번을 때리느냐

발람이 나귀에게 말하되 네가 나를 거역하기 때문이니 내 손에 칼이 있었더면 곧 너를 죽였으리라

나귀가 발람에게 이르되 나는 당신이 오늘까지 당신의 일생 동안 탄 나귀가 아니냐 내가 언제 당신에게 이같이 하는 버릇이 있었더냐 그가 말하되 없었느니라

그때에 여호와께서 발람의 눈을 밝히시매 여호와의 사자가 손에 칼을

빼들고 길에 선 것을 그가 보고 머리를 숙이고 엎드리니

여호와께서 진노하사 발람의 앞에 칼을 든 천사를 보내어 길을 막으셨습니다. 때때로 하나님께서는 사람이 저지르는 죄를 막기 위하여 천사를 보내 막으십니다.

눈에는 보이지 않아도 성경에 다 기록하지는 않아도 천사가 나타나 경고하는 것은 수도 없이 많았을 것입니다. 인간이 신의 뜻을 거스르는 것은 끝이 없기 때문입니다.

집에 들어가시매 제자들이 조용히 묻자오되 우리는 어찌하여 능히 그
귀신을 쫓아내지 못하였나이까
이르시되 기도 외에 다른 것으로는 이런 종류가 나갈 수 없느니라 하시
니라

　예수께서 기도의 중요성을 제자들에게 말씀하셨습니다. 기도는 영혼의
호흡과 같고 놀라운 능력을 일으키며 삶을 변화시킵니다.
　혼자서 마음으로 기도하는 것, 골방에서 홀로 작은 목소리로 하나님께
기도하는 기도들은 강력한 영적인 힘을 발휘하여 인간이 하나님의 뜻을
이루게 됩니다.

예수께서 성전에서 나와서 가실 때에 제자들이 성전 건물들을 가리켜 보이려고 나아오니

대답하여 이르시되 너희가 이 모든 것을 보지 못하느냐 내가 진실로 너희에게 이르노니 돌 하나도 돌 위에 남지 않고 다 무너뜨려지리라

예수께서는 성전을 보시고 이르시기를 훗날 성전이 무너짐을 말씀하셨습니다.

여호와의 성전은 중요한 곳입니다.

그러나 머릿돌까지 모든 돌이 무너지는 것을 통해 이스라엘이 패망과 멸망에 이르는 날을 예언하셨습니다.

이와 반면에 예수님의 진리 또한 수천 년이 지나도 세상에는 사람의 생각인 격언들보다 더 영향을 끼치며 사람들의 삶에도 지대한 영향을 끼치고 있습니다.

예수님의 말씀은 기적을 가져오며 사망에서 건져 주십니다. 감사의 기도 또한 인생에 햇빛이 들어와 삶을 밝히고 빛이 나게 합니다. 신앙생활에서 빼놓을 수 없는 것이 기적을 일으키는 힘을 가진 기도입니다.

예수께서 주시는 강력한 믿음의 기적을 꿈꾼다면 기도해야 합니다.

새나 가축이 저절로 죽은 것이나 찢겨서 죽은 것은 다 제사장이 먹지 말 것이니라

이 명령은 하나님의 규례이니 저절로 죽은 것을 먹지 않음은 전염병 등을 막고자 함이며 찢겨서 죽은 것은 찢은 짐승이 먹지 않아 그 고기가 상하고 짐승들끼리 피를 흘린 것으로 문제가 있는 것이므로 손대지 말아야 부정함을 면하고 질병에 노출되지 않습니다. 여호와께서는 이스라엘을 염려하시며 이런 이유들로 사람이 먹는 것을 구별하고 금지시키셨습니다.

그러므로 하나님의 말씀은 지키는 자에게 사랑이며 거룩합니다.

길가에서 한 무화과나무를 보시고 그리로 가사 잎사귀밖에 아무것도
찾지 못하시고 나무에게 이르시되 이제부터 영원토록 네가 열매를 맺지
못하리라 하시니 무화과나무가 곧 마른지라

무화과나무가 때가 이르렀음에도 열매를 맺지 않아 예수께서는 분노하
셨습니다.

무엇이든 그 어떤 것이든 열매를 얻을 때가 존재합니다. 무화과나무의
열매는 사람이 수확할 결과물입니다. 이는 추수할 때 벼가 쌀알을 맺지
않는 것과 같고 이 열매 맺지 않는 무화과는 사람이 모질고 그 행실이 나
쁜 것과 같으므로 주께서 무화과나무가 악하여 저주하셨습니다.

사람이든 곡식이든 과일 나무든 때에 따라 별다른 일이 없다면 열매가
있어야 합니다.

여호와의 말씀에 너희는 이제라도 금식하고 울며 애통하고 마음을 다하여 내게로 돌아오라 하셨나니

너희는 옷을 찢지 말고 마음을 찢고 너희 하나님 여호와께로 돌아올지어다 그는 은혜로우시며 자비로우시며 노하기를 더디하시며 인애가 크시사 뜻을 돌이켜 재앙을 내리지 아니하시나니

주께서 혹시 마음과 뜻을 돌이키시고 그 뒤에 복을 내리사 너희 하나님 여호와께 소제와 전제를 드리게 하지 아니하실는지 누가 알겠느냐

여호와께서는 그 마음이 크시고 인자하시므로 마지막까지 이스라엘 백성을 놓지 않으셨습니다.

다시 돌아오기만 하면 야훼께서는 재앙을 내리시지 않겠다 하셨음에도 이스라엘 백성들은 하나님의 그 사랑에 감격하지 않고 여호와를 욕되게 했던 적이 많음을 성경은 기록하고 있습니다. 결국 여호와께서 분노하여 이스라엘이 전쟁 포로로 끌려가고 죽임당하고 흩어지게 되었습니다.

하나님은 선하시지만 신을 능멸하고 돌아오지 않으면 그 죄의 끝을 보시는 분입니다.

하나님을 따르는 자가 복을 받습니다.

하나님께 순종하고 따르는 것이 중요합니다.

나의 영혼이 잠잠히 하나님만 바람이여 나의 구원이 그에게서 나오는
도다
오직 그만이 나의 반석이시요 나의 구원이시요 나의 요새이시니 내가
크게 흔들리지 아니하리로다

오래전 다윗은 구원하심이 하나님께 있다 하였습니다. "오직 그만이 나의 요새라" 하며 하나님을 찬양했습니다. 다윗 시대에 하나님을 직접 통하여 구원받는다고 기록돼 있으나 예수님 시대에 와서는 예수께서 "내가 곧 진리요 생명이니 나로 말미암지 않고는 아버지께로 갈 자가 없노라" 하셨습니다.

그러므로 예수님은 하나님과 같으신 분임이 성경에 기록되어 있습니다.

예수는 나의 형상이라고 하나님께서 말씀하셨습니다.

예수께서는 자신의 자아는 언제든 버리거나 누르시면서 하나님의 뜻만을 말씀하셨습니다.

그리고 행위 또한 하나님과 같으셨습니다.

예수께서는 인간이지만 인간의 본성을 모두 초월하시고 신의 뜻인 아버지의 모든 뜻을 이뤄 내신 분입니다.

그것도 청년의 때에 다 이루셨으니 그 경지가 얼마나 높은지 보통 인간은 헤아리기 어렵습니다.

예수님을 하나님과 성령님과 함께 사랑하고 믿어야 구원을 받습니다.

그분은 하나님의 말씀을 전하고 스스로를 밝히셨으며 말씀으로 이스라엘을 이끄셨습니다.

그분의 인간을 향한 사랑은 그 누구도 따라갈 수 없습니다. 사람은 예수께 예배하고 기도해야 합니다.

그러므로 그가 범사에 형제들과 같이 되심이 마땅하도다 이는 하나님
의 일에 자비하고 신실한 대제사장이 되어 백성의 죄를 속량하려 하심
이라
그가 시험을 받아 고난을 당하셨은즉 시험 받는 자들을 능히 도우실 수
있느니라

예수께서 유월절 어린양이 되신 까닭은 유월절 예루살렘에 나귀를 타
고 올라가 유월절 절기 때 제사 드리는 제사장과 충돌하여 유월절의 제물
로 떨어지게 된 것으로 예수께서는 유월절이라는 절기에 관한 시험을 받
았습니다. 구체적으로 성경에 기록되지 않았으나 본문에는 시험을 받으
셨다고 기술되어 있습니다.

예수님이 계셨던 그 시대에 예수님은 성경의 예언대로 자신을 실현했
습니다.

이스라엘 여러 도시와 시골에서 왕으로 추앙받는 그때가 십자가형에서
벗어날 가장 안전한 적기라고 생각하셨을 예수님은 하나님에 대하여 의
심 없이 예루살렘으로 올라가셨으나(야훼께서 죽이지 않을 것이라는 믿
음이 어느 정도는 있으셨을 것입니다) 유월절을 피하지 않은 예수님을 기
다린 것은 제사장과의 대결에서 패하여 받아야 하는 십자가 처형이었습
니다.

그럼에도 불구하고 처형 전날 기도하시던 예수님은 이 쓴 잔을 피할 수

있다면 피하게 하시고 그럴 수 없다면 아버지 뜻대로 하길 바라셨습니다.

그가 십자가에 달리실 때 지구에 흩어져 있는 모든 죄악이 예수께로 몰려와 하늘을 어둡게 하였습니다.

십자가에 달린 일은 인류에게 한편으로는 상심을 주고 한편으로는 감사함으로 살게 하는 마음을 가지게 합니다.

사랑하는 주님을 위해서라도 양들은 행복하게 살아야 합니다.

그러려면 하나님께 먼저 감사와 행복을 구하고 기도하는 삶을 영위해 나가야 합니다.

네 가운데에 피를 흘리려고 뇌물을 받는 자도 있었으며 네가 변돈과 이
자를 받았으며 이익을 탐하여 이웃을 속여 빼앗았으며 나를 잊어버렸
도다 주 여호와의 말씀이니라

네가 불의를 행하여 이익을 얻은 일과 네 가운데에 피 흘린 일로 말미암
아 내가 손뼉을 쳤나니

내가 네게 보응하는 날에 네 마음이 견디겠느냐 네 손이 힘이 있겠느냐
나 여호와가 말하였으니 내가 이루리라

내가 너를 뭇 나라 가운데에 흩으며 각 나라에 헤치고 너의 더러운 것을
네 가운데에서 멸하리라

네가 자신 때문에 나라들의 목전에서 수치를 당하리니 내가 여호와인
줄 알리라 하셨다 하라

돈에 대하여 불의를 행하며 빼앗고 속여 이익을 얻으며 피를 흘려 불의
를 행하는 사람은 여호와께서 갚아 주실 날에 결코 건뎌 낼 수 없다 하셨
습니다.

불의로 더럽혀진 이를 멸하고 그들을 나라들에게 수치를 당하게 하는
것을 주관하신 분이 바로 여호와이심을 스스로 알게 된다 하셨습니다.

사람은 꼭 선행은 할 수 없더라도 악행은 하지 말아야 합니다.

하나님의 진노가 머리 위에 임하여 그를 치게 되기 때문입니다. 세상에
서 악한 일을 하는 자는 결국 무너지게 됩니다. 구별된 신의 구역이 아닌

세상이라 해도 하나님께서 보고 계시기 때문에 세상의 바른 법이 악을 행한 자를 가만두지 않으며 결국에는 악행한 자가 누리는 일을 하나님이 허락하지 않으시기 때문에 악행한 자가 누리는 듯해 보여도 결과는 멸망하게 됩니다.

세상 속에서도 하나님은 계십니다.

핍박받는 자를 위로해 주시며 약한 자를 불쌍히 여기시는 이는 주님이십니다.

오직 너는 바른 교훈에 합당한 것을 말하여

늙은 남자로는 절제하며 경건하며 신중하며 믿음과 사랑과 인내함에

온전하게 하고

늙은 여자로는 이와 같이 행실이 거룩하며 모함하지 말며 많은 술의 종

이 되지 아니하며 선한 것을 가르치는 자들이 되고

그들로 젊은 여자들을 교훈하되 그 남편과 자녀를 사랑하며

신중하며 순전하며 집안일을 하며 선하며 자기 남편에게 복종하게 하

라 이는 하나님의 말씀이 비방을 받지 않게 하려 함이라

주께서 인간을 가르치는 않으면 악한 것이 마음에 덩굴처럼 뻗어 나가 사람의 근본이 되는 하나님의 거룩한 말씀이 더럽혀지게 됩니다.

그래서 늙은 여자와 늙은 남자를 현명하게 하는 말씀을 성경에 기록하였습니다.

가정을 가꾸는 젊은 여자를 가르쳐 가정을 아름답게 하고자 하며 하나님의 말씀이 푯말로 꽂힌 가정들을 보호하고자 말씀하셨습니다.

이것은 지키면 주의 말씀이 사람들을 보호하나 지키지 않으면 사람들이 지키지 않는 말씀이라며 비방하게 되므로 지켜 행하라 말씀하셨습니다.

그들이 하나님을 시인하나 행위로는 부인하니 가증한 자요 복종하지
아니하는 자요 모든 선한 일을 버리는 자니라

입으로만 시인하고 행위로 하나님을 시인하지 않고 인정하지 않으면
악한 자입니다. 하나님은 인간을 말이 아니라 행실로 심판하십니다.

숱한 여러 가지 말들보다도 한 가지 행위로 하나님을 의로운 하나님임
으로 드러낸다면 그는 하나님을 기쁘시게 하는 자이며 의인입니다.

사람은 행실로써 하나님을 시인해야 합니다.

그래서 하나님을 기쁘시게 하는 거룩한 자가 돼야 합니다.

다윗이 솔로몬에게 이르되 내 아들아 나는 내 하나님 여호와의 이름을 위하여 성전을 건축할 마음이 있었으나

여호와의 말씀이 내게 임하여 이르시되 너는 피를 심히 많이 흘렸고 크게 전쟁하였느니라 네가 내 앞에서 땅에 피를 많이 흘렸은즉 내 이름을 위하여 성전을 건축하지 못하리라

보라 한 아들이 네게서 나리니 그는 온순한 사람이라 내가 그로 주변 모든 대적에게서 평온을 얻게 하리라 그의 이름을 솔로몬이라 하리니 이는 내가 그의 생전에 평안과 안일함을 이스라엘에게 줄 것임이니라

그가 내 이름을 위하여 성전을 건축할지라 그는 내 아들이 되고 나는 그의 아버지가 되어 그 나라 왕위를 이스라엘 위에 굳게 세워 영원까지 이르게 하리라 하셨나니

다윗처럼 하나님이 항상 함께하시는 사람일지라도 전쟁터에서 피를 많이 흘리면 여호와의 거룩한 성전을 건축할 수가 없습니다.

압살롬의 반란에서도 요압 장군이 다윗을 대신하여 그 아들의 피를 흘렸습니다. 다윗의 생애는 전쟁으로 채워졌습니다.

다윗은 하나님의 사람이지만 전쟁이 끊이질 않았고 이것은 하나님이 다윗에게 명하신 일입니다.

다윗이 밧세바를 얻는 대신 집안이 칼로 인한 피 흘림을 감수해야 했습니다.

하나님께서는 공의로우신 분입니다.

다윗은 평생을 하나님의 공의로우심과 함께하였습니다. 우리아를 죽인 죄의 대가이기에 하나님이 벌하는 말씀까지도 묵묵히 따른 것이 다윗입니다.

그러므로 후대의 사람들이 할 일은 죄를 최대한 적게 지어야 할 것이며 그것이 가장 편안한 삶을 영위하는 길임을 고대 이스라엘 왕조를 통해서 알 수 있습니다.

전도자가 이르되 헛되고 헛되며 헛되고 헛되니 모든 것이 헛되도다

지혜로운 왕, 다윗의 가장 뛰어난 아들은 모든 부귀영화가 헛되다고 말합니다. 부귀영화란 육신은 즐거워도 한편으로는 영혼을 채워 주지 못하는 것이기에 진정으로 헛되지 않은 것은 여호와를 경외하는 것입니다.

하나님이 주신 것들로 인하여 영혼이 행복하다면 그는 헛되다 하지 않았을 것입니다. 육신을 만족하게 하심도 하나님이 주신 복이었는데 그는 진정한 영혼의 행복을 찾고 영혼이 만족할 만한 것을 찾았습니다.

영혼을 힘들게 하는 것은 육신의 고통입니다. 이 세상에는 사람의 영혼에 이르는 영적 고통이 존재합니다. 영혼을 보호하고 하나님을 경외하기 위해서는 육신의 행복이 뒷받침돼야 하는 경우도 있습니다.

땅 밑에서 기어올라 오는 악한 에너지는 주께서 허락한 사람이 가진 부귀영화로 막을 수 있는 부분이 있습니다. 그러나 최종적인 영혼의 기쁨은 부귀영화로 누릴 수 없습니다.

단지 육신만을 따르면 헛되지만 영혼을 위한 뒷받침으로 육신의 행복이 필요합니다.

하나님은 그것을 아십니다. 개개인은 자신이 가진 것에 따라 하나님께 현명하게 필요한 것을 구해야 할 것입니다.

너는 내일 일을 자랑하지 말라 하루 동안에 무슨 일이 일어날는지 네가
알 수 없음이니라
타인이 너를 칭찬하게 하고 네 입으로는 하지 말며 외인이 너를 칭찬하
게 하고 네 입술로는 하지 말지니라
돌은 무겁고 모래도 가볍지 아니하거니와 미련한 자의 분노는 이 둘보
다 무거우니라

사람이 자랑할 것은 오직 주님뿐입니다.

모든 것은 바람과 폭우와 거센 파도와 지진으로 허망하게 흔들리고 무
너지나 오직 주님은 굳건한 크리스천의 큰 자랑이니 내일 일이라도 자랑
하지 말 것은 듣는 자 중에 공중권세를 잡은 마귀가 있어 내일 일이라도
망칠 수도 있기 때문입니다.

자신을 드러내는 것이 원하는 것이라면 다른 사람들이 칭찬하게 만들
고 스스로 자랑하지 말아야 하며 그 이유는 교만은 패망의 선봉이라 자랑
하므로 스스로 무너지게 되기 때문입니다. 분노는 잔인함을 가져오고 거
센 홍수와 불길과 같은데 이는 어리석은 자가 수시로 일으킵니다. 인간이
현명하다면 화를 내지 않습니다.

일상에 삶에 부딪혀 반사반응으로 분노하는 사람들이 많습니다. 화는
사람을 어리석고 악하게 만드니 주의해야 할 것입니다.

이스라엘 집 사람이나 그들 중에 거류하는 거류민 중에 무슨 피든지 먹
는 자가 있으면 내가 그 피를 먹는 그 사람에게는 내 얼굴을 대하여 그
를 백성 중에서 끊으리니
육체의 생명은 피에 있음이라 내가 이 피를 너희에게 주어 제단에 뿌려
너희의 생명을 위하여 속죄하게 하였나니 생명이 피에 있으므로 피가
죄를 속하느니라
그러므로 내가 이스라엘 자손에게 말하기를 너희 중에 아무도 피를 먹
지 말며 너희 중에 거류하는 거류민이라도 피를 먹지 말라 하였나니
모든 이스라엘 자손이나 그들 중에 거류하는 거류민이 먹을 만한 짐승
이나 새를 사냥하여 잡거든 그것의 피를 흘리고 흙으로 덮을지니라
모든 생물은 그 피가 생명과 일체라 그러므로 내가 이스라엘 자손에게
이르기를 너희는 어떤 육체의 피든지 먹지 말라 하였나니 모든 육체의
생명은 그것의 피인즉 그 피를 먹는 모든 자는 끊어지리라

하나님은 육체의 생명은 피에 있고 그 피는 생명과 일체라 하셨습니다.
짐승 또한 마찬가지니 인간인 우리가 어떻게 다른 생명을 취하여 먹은
동물과 하나로 일체가 될 수 있을까요?
우리의 생명이 동물을 피째 먹기 전 살아 있던 그 동물의 생명과 합하게
되니 그것은 부정한 정도가 아니라 가증스러우며 짐승의 악이 인간의 육
체와 영혼에 깃들게 되므로 여호와께서는 피를 먹은 자를 끊어 버리라고

하셨습니다. 피째 먹으면 사람은 짐승과 같이 된 자가 됩니다.

그리고 그것은 곧 삶의 영역에서 나타납니다. 이를 너무나도 자명하게 아신 하나님은 이것을 금지 규례로 정하셨습니다. 크리스천은 율법을 항상 모두 지킬 수는 없지만 주의해야 할 것이므로 꼭 지키도록 하는 게 좋습니다.

너희 가운데에서 삼분의 일은 전염병으로 죽으며 기근으로 멸망할 것이
요 삼분의 일은 너의 사방에서 칼에 엎드러질 것이며 삼분의 일은 내가
사방에 흩어 버리고 또 그 뒤를 따라가며 칼을 빼리라
이와 같이 내 노가 다한즉 그들을 향한 분이 풀려서 내 마음이 가라앉
으리라 내 분이 그들에게 다한즉 나 여호와가 열심으로 말한 줄을 그들
이 알리라

하나님은 이스라엘을 사랑하셨지만 그들이 패역하고 행음하며 우상을
숭배하여 그들을 멸망하게 하셨습니다. 흩어진 이스라엘의 백성 중 살아
남은 자들은 여러 이방나라에 속하여 살며 하나님을 기억하였습니다.

이스라엘이 멸망해야만 하나님의 진노가 그치시니 이스라엘 민족은 이
를 감당해야 했습니다.

하나님이 화가 나시면 화를 내게 한 자들의 죽음으로 하나님께 갚아야
하는 상황이 종종 있어 왔습니다.

여호와께서는 사랑과 인자하심이 크시지만 그런 하나님 밖으로 나가
죄를 짓고 하나님을 배반하며 행음하여 하나님을 진노하게 하는 일은 하
지 말아야 합니다.

그 대가는 아주 혹독하기 때문입니다.

하나님은 하나님이 지은 민족의 죄를 민족의 멸망으로 갚아 주셨습니
다. 그러므로 세계의 모든 나라는 이스라엘을 경고 삼아 하나님을 진정으
로 사랑하고 두려워할 줄을 알아야 합니다.

가령 내가 악인에게 말하기를 너는 꼭 죽으리라 할 때에 네가 깨우치지 아니하거나 말로 악인에게 일러서 그의 악한 길을 떠나 생명을 구원하게 하지 아니하면 그 악인은 그의 죄악 중에서 죽으려니와 내가 그의 피 값을 네 손에서 찾을 것이고

네가 악인을 깨우치되 그가 그의 악한 마음과 악한 행위에서 돌이키지 아니하면 그는 그의 죄악 중에서 죽으려니와 너는 네 생명을 보존하리라

하나님의 말씀으로 일어서는 사람은 하나님의 명령을 따라야 합니다.

하나님께서 악인에게 최후통첩을 해 주실 때 악인이 악한 길을 걷지 않도록 올바른 길로 가게 살려 주지 않으면 그 책임을 묻는다는 하나님의 말씀을 따라야 합니다. 악인도 자신을 살려 주는 것에 대하여 감사하는 마음을 가집니다.

그러나 하나님의 말씀대로 악인에게 길을 말해 줘도 악에서 벗어나지 않고 그곳에서 계속 있다 죽을 수도 있지만 그것은 전하는 자의 책임이 아니기에 전하는 자는 살 수 있습니다.

그러나 살리는 사람이 준 생명길을 받아들이면서 이를 전해 준 사람을 해치고 그의 것을 빼앗으려 든다면 한국 전래동화의 '구덩이에 빠진 호랑이와 토끼' 이야기처럼 올바른 길로 인도하고 구해 주는 자는 자신을 죽이려 한 악인의 마음을 확인 후 다시 본래 멸망의 길로 보내고 그를 멀리 떠나게 됩니다. 세상에는 악인의 유형이 여러 가지가 있습니다.

그러므로 주 여호와께서 이같이 말씀하셨느니라 너희의 악이 기억을 되
살리며 너희의 허물이 드러나며 너희 모든 행위의 죄가 나타났도다 너
희가 기억한 바 되었은즉 그 손에 잡히리라

여호와께서는 악이 있어도 기억치 못하면 죄를 미뤄 두시다가 기억함
으로 부정하게 된다고 모세 5경에 기록하고 있습니다. 그 법대로 허물을
기억한 이스라엘의 죄는 대가를 받아 이방나라의 왕에게 사로잡히게 되
었습니다. 일반적으로 사람은 자신의 죄를 기억하고 이로 인해 괴로워
하는 모습이 있는데 마귀가 죄를 기억나게 하여 괴롭히는 경우가 많습
니다.

하나님은 죄를 기억나게 하여 사람을 괴롭히지 않습니다. 본문의 말씀
대로 악함과 마귀가 생각나게 하는 것입니다. 그러나 하나님이 죄를 묻지
않는다고 죄가 없다는 것이 아닙니다. 단지 기억날 때까지 보류하시는 것
입니다. 죄가 기억날 때 회개하여 용서 받아 마음이 평안을 얻게 됨은 마
귀를 이기는 길입니다.

예수님을 통해 죄 사함을 얻고 마귀를 이겨야 합니다.

죄를 기억나게 하는 마귀는 잘하는 것이 아닙니다. 한편으로는 회개의
기회를 주었다고 마귀가 잘하였다 생각할 수도 있으나 사실은 사람을 고
통을 주고 괴롭게 하여 죄책감으로 인하여 고립되고 병들게 만들기 때문
입니다.

옳은 길과 유사한 것을 따라 하는 것이 마귀입니다.

지혜롭게 행동해야 합니다.

이는 그들이 나의 규례를 행하지 아니하며 나의 율례를 멸시하며 내 안

식일을 더럽히고 눈으로 그들의 조상들의 우상들을 사모함이며

또 내가 그들에게 선하지 못한 율례와 능히 지키지 못할 규례를 주었고

그들이 장자를 다 화제로 드리는 그 예물로 내가 그들을 더럽혔음은 그

들을 멸망하게 하여 나를 여호와인 줄 알게 하려 하였음이라

하나님께서는 인격적으로 이스라엘을 존중하여 그들에게 지켜야 할 것을 차례로 말씀하셨으나 이스라엘은 아랑곳하지 않고 하나님을 무시하며 멋대로 행동하였습니다.

하나님은 이들에게 진노의 잔을 마시게 하시며 하나님과 상관없는 율례와 지키지 못할 모질은 형벌의 규례를 주셨습니다.

이로 인하여 하나님의 화난 모습의 외형이 영적으로 드러나 이스라엘로 하여금 이를 알게 하셨습니다.

하나님을 무시하던 이스라엘의 모든 것을 멸망시켜 하나님의 신격을 바로 세우고 하나님의 나라가 영원하도록 하기 위한 하나님의 조치입니다.

인간 하나하나가 귀중한 존재이긴 하지만 하나님을 무시하면 그는 추풍낙엽으로 져 버리고 맙니다.

신 앞에서의 인간이 가진 가치는 스스로 하나님의 말씀대로 따르므로 드러납니다. 하나님을 존중하고 공경하며 사랑하여 스스로가 대우받는 '양'이 되도록 마음을 먹어야 합니다. 신의 내리사랑은 사람이 스스로 노

력해야 받을 수 있습니다. 기본적으로 인류에게 주어지는 신의 사랑보다 더 깊이 있는 사랑을 원한다면 기도를 많이 해야 합니다.

내가 부르짖어 도움을 구하나 내 기도를 물리치시며

기도가 생활화되고 주님을 믿는 크리스천에게 가장 두려운 벌은 여호와께서 기도를 듣지 않으시는 것입니다. 얼마나 진노가 크시면 기도를 듣지 않으시는지 생각해 봐야 합니다.

우리는 기도가 물리쳐져 여호와의 진노의 잔을 마시는 어리석은 자들이 되지 말아야 할 것입니다.

기도는 영혼의 호흡입니다.

하나님께서 영혼의 호흡을 막으시고 죽은 자처럼 대하시고 죽이시는 것은 우상을 숭배하며 간음한 까닭으로 여호와를 무시하고 비웃거나 여호와를 떠난 하나님의 백성이 되기 때문입니다.

대부분의 하나님의 진노는 우상숭배의 간음과 살인으로 비롯된 것입니다.

선택된 하나님의 백성은 하나님을 배신하면 하나님의 진노를 받습니다. 선택되지 않은 자는 지옥으로 떨어질 것입니다.

선택한 백성들은 하나님의 사랑에 감사해야 합니다.

옛적 하늘들의 하늘을 타신 자에게 찬송하라 주께서 그 소리를 내시니
웅장한 소리로다

하늘은 층층이 하나님의 뜻대로 존재하고 있습니다. (꼭 불교가 아니더
라도 여럿으로 나뉘어 있습니다.)

저는 여러 차원의 하늘이 존재한다 알고 있으며 하나님은 그 하늘을 수
금 타듯 아름다운 소리를 내도록 손가락 끝으로 타신 분입니다.

좀 더 구체적으로 살피면 불교의 석가모니는 불교를 세우면서 최종적
으로는 하나님께로 불자들을 인도해야 함에도 자신이 하나님의 영광을
차지하여 스스로를 하나님으로 높인 죄가 있습니다.

그래서 석가모니와 그밖에 공모한 다른 불교 신들과 함께 지옥의 벌에
있습니다.

지옥 간증을 한 사람들의 이야기로는 석가모니가 지옥에 있었다고 하
는데 그들은 윤회사상으로 발생한 죄로 인하여 인간을 끊임없이 괴롭힌
죄가 있습니다.

윤회란 하나님이 인간에게 구원을 허락하지 않았던 고대 시대인 노아
때의 성행한 하나님의 기본법입니다.

불교의 극락은 그곳에서 태어나게 해도 죄라는 것이 여전히 존재합니다.

이것은 저의 전생의 경험에서 겪은 것입니다,

저는 오래전 불교의 극락에서 태어난 일이 있습니다. 그러나 그곳에서

금기하는 동물을 사냥하여 다른 차원으로 떨어졌습니다. 저의 첫 호흡은 하나님께 있다가 중간에 불교세계에 들어가 윤회할 때 오랫동안 불교 신에게 속해 있다가 하나님의 부르심으로 다시 돌아왔습니다.

불교는 석가모니처럼 수행해서 불교 신 같은 길을 걷지 않으면 죄의 고통이 영원히 따릅니다.

불교에서 죄인들을 향한 함정은 끊임없는 윤회에 있습니다.

이것은 죄에 대하여 마음이 넓다 하는 석가모니의 사상에 있습니다.

그 함정에 빠지면 인간은 끊임없이 돌고 도는 죄 안에서 살아야 합니다. 윤회하면서 죄를 많이 지음으로 인해 그 끝이 지옥으로 들어갈 수 있습니다.

인간의 영혼의 진정한 기쁨이 어디 있는지 깊이 생각해야 합니다.

그러므로 여호와께서 이와 같이 말씀하시니라 너희가 나에게 순종하지
아니하고 각기 형제와 이웃에게 자유를 선포한 것을 실행하지 아니하였
은즉 내가 너희를 대적하여 칼과 전염병과 기근에게 자유를 주리라 여
호와의 말씀이니라 내가 너희를 세계 여러 나라 가운데에 흩어지게 할
것이며

송아지를 둘로 쪼개고 그 두 조각 사이로 지나매 내 앞에 언약을 맺었으
나 그 말을 실행하지 아니하여 내 계약을 어긴 그들을

곧 송아지 두 조각 사이로 지난 유다 고관들과 예루살렘 고관들과 내시
들과 제사장들과 이 땅 모든 백성을

내가 그들의 원수의 손과 그들의 생명을 찾는 자의 손에 넘기리니 그들
의 시체가 공중의 새와 땅의 짐승의 먹이가 될 것이며

또 내가 유다의 시드기야 왕과 그의 고관들을 그의 원수의 손과 그의 생
명을 찾는 자의 손과 너희에게서 떠나간 바벨론 왕의 군대의 손에 넘기
리라

하나님께서는 약속을 지키지 않으면 약속한 자를 괴롭히고 고통 주는
것을 곧 중단하신 뒤 하나님과의 약속과 계약을 어긴 자를 죽음의 손에
넘기십니다.

살아 계신 하나님은 신뢰와 믿음을 원하시며 인간 역시 하나님이 보시
기에 든직하고 믿음직스러운 충성된 종이 되기를 바라십니다. 하나님이

무작정 그것을 바라시는 것이 아니라 하나님께 충실할 때 주는 복과 평안이 있기에 충성된 자에게 그 대가를 주는 신과의 약속과 계약을 어기는 일이 없어야 할 것입니다.

그의 원수들의 머리 곧 죄를 짓고 다니는 자의 정수리는 하나님이 쳐서
깨뜨리시리로다

원수들의 머리는 오래전 낙원에서 죄를 지은 뱀의 머리와 같아 하나님
께서 그 머리를 치십니다. 머리를 쳐서 머리를 다친 사람들은 죄짓기를
멈추고 죽어 가게 됩니다.

죄를 지을 때 머리의 생각으로 먼저 짓기 때문에 하나님께서는 죄의 그
첫 단추인 머리를 치시는 것입니다.

생각을 잘 하며 죄를 지으려 하지 말고 선한 생각으로 하나님을 먼저 기
쁘게 하여야 합니다.

하나님은 모든 사람들의 생각을 알고 계십니다.

천국은 마치 품꾼을 얻어 포도원에 들여보내려고 이른 아침에 나간 집 주인과 같으니

그가 하루 한 데나리온씩 품꾼들과 약속하여 포도원에 들여보내고

또 제삼시에 나가 보니 장터에 놀고 서 있는 사람들이 또 있는지라

그들에게 이르되 너희도 포도원에 들어가라 내가 너희에게 상당하게 주리라 하니 그들이 가고

제육시와 제구시에 또 나가 그와 같이 하고

제십일시에도 나가 보니 서 있는 사람들이 또 있는지라 이르되 너희는 어찌하여 종일토록 놀고 여기 서 있느냐

이르되 우리를 품꾼으로 쓰는 이가 없음이니이다 이르되 너희도 포도원에 들어가라 하니라

저물매 포도원 주인이 청지기에게 이르되 품꾼들을 불러 나중 온 자로부터 시작하여 먼저 온 자까지 삯을 주라 하니

제십일시에 온 자들이 와서 한 데나리온씩을 받거늘

먼저 온 자들이 와서 더 받을 줄 알았더니 그들도 한 데나리온씩 받은지라

받은 후 집 주인을 원망하여 이르되

나중 온 이 사람들은 한 시간밖에 일하지 아니하였거늘 그들을 종일 수고하며 더위를 견딘 우리와 같게 하였나이다

주인이 그 중의 한 사람에게 대답하여 이르되 친구여 내가 네게 잘못한

것이 없노라 네가 나와 한 데나리온의 약속을 하지 아니하였느냐

네 것이나 가지고 가라 나중 온 이 사람에게 너와 같이 주는 것이 내 뜻

이니라

내 것을 가지고 내 뜻대로 할 것이 아니냐 내가 선하므로 네가 악하게

보느냐

　천국의 주인 예수님은 뭇 사람들에게 한 약속은 모두에게 각자 같은 것을 약속합니다. 이 세상이 끝날 때까지 바로 그 순간 그 전까지도, 1분 1초라도 천국 문이 닫히기 전일 때 들어온 자도 처음 들어온 자와 동일한 조건으로 백성을 인도하십니다.

　개개인과 동일한 조건으로 약속하는 것이 하나님이 보실 때 공평하다 하십니다. 하나님의 나라에서는 백성 개개인을 데리고 서로 비교하여 일한 시간에 따라 줄 것을 줄이거나 늘이면 신의 형평성에 어긋나며 백성들 사이에 모질은 풍조가 스며들게 됩니다.

　한 명, 한 명과의 약속은 동일해야 함이 하나님의 법입니다.

　늦게 들어온 사람은 천국에 들어오기까지 많은 고통을 겪었을 것입니다.

　늦게 들어온 자의 그 고통을 씻겨 줄 몫을 생각하셨기에 먼저 온 자의 행복을 계산하시어 늦게 들어온 자와 품삯이 같게 하신 것입니다.

　각자 처지에 맞도록 동일한 금액을 약속하신 예수 그리스도가 사람에게 공정하신 분임을 알게 합니다.

　신의 계산은 인간의 것과 다르며 완전한 선의 계산 방식입니다. 인간은 이를 알고 주님을 경배해야 합니다.

누구든지 나를 믿는 이 작은 자 중 하나를 실족하게 하면 차라리 연자
맷돌이 그 목에 달려서 깊은 바다에 빠뜨려지는 것이 나으니라
실족하게 하는 일들이 있음으로 말미암아 세상에 화가 있도다 실족하
게 하는 일이 없을 수는 없으나 실족하게 하는 그 사람에게는 화가 있
도다

사람을 실족케 하는 것은 수장 되는 것보다 무거운 죗값을 받아야 합니
다. 어느 날 저는 죽음의 그림자가 닿은 사람들을 살려 냈습니다. 수차례
그런 일이 있자 하나님께서는,

"그러면 너의 잘못이구나."

"그들을 살리는 저를 어리석게 만든 그들의 잘못입니다."

이때 저 스스로 어리석어서 신께서 작정하시고 일을 하시는 것임을 모
르고 저 스스로 실족했음을 시인하였고 그러므로 저의 죄의 유무를 하나
님께서 더는 묻지 않으셨습니다.

살리지 말아야 할 자를 살려서 세상에 그들로 인하여 재앙이 오니 이 또
한 세상은 신이 만든 대로 작동하고 있는 것으로 예수께서 말씀하신 진리
의 말씀을 온 세계가 따라가는 현상입니다. 죄 있는 자의 죄는 그들에게
되돌아가 화가 임하게 됩니다. 그것이 진리입니다.

그러나 먼저 된 자로서 나중 되고 나중 된 자로서 먼저 될 자가 많으니라

먼저 핀 꽃은 일찍 시들고 지며 미래에 나중 핀 꽃이 향기를 풍기며 존재합니다.

미래는 현재의 훗날이지만 때가 이르면 새것이며 가장 앞에 있으니 나중 된 자가 머리가 되는 것입니다.

흥망성쇠는 각기 때가 다르며 그 모든 존재가 역사에 기록됩니다. 신이 만든 이 세상은 그렇게 흘러갑니다.

여호와께서 말씀하시되 악인에게는 평강이 없다 하셨느니라

　악한 일을 하고 악한 일을 즐거이 행하는 자에게는 어둠 속에서 마음을 놓지만 그 놓은 마음을 빛이 언제 비출지 몰라 항상 불안하고 곤고하며 피곤합니다. 죄가 들킬까 봐 마음이 피곤합니다. 그래서 여호와의 말씀대로 악인은 평강이 없습니다.

　착하게 살면 평안하고 마음이 안정되지만 그렇지 않으면 항상 어둠을 헤매는 자가 되니 사람은 초심을 잘 가져야 합니다. 죄를 진 자신의 마음에 대한 반성도 필요하며 행실과 마음이 중요하다는 것을 예수님을 통해 많은 사람이 알게 하십니다.

안식일에 예수께서 밀밭 사이로 지나가실새 제자들이 이삭을 잘라 손
으로 비비어 먹으니

어떤 바리새인들이 말하되 어찌하여 안식일에 하지 못할 일을 하느냐

예수께서 대답하여 이르시되 다윗이 자기 및 자기와 함께한 자들이 시
장할 때에 한 일을 읽지 못하였느냐

그가 하나님의 전에 들어가서 다만 제사장 외에는 먹어서는 안 되는 진
설병을 먹고 함께한 자들에게도 주지 아니하였느냐

또 이르시되 인자는 안식일의 주인이니라 하시더라

지배계층의 유대인들은 이스라엘의 과거 율법의 예외 상황들을 양피지
에 기록했어도 이를 말씀하시는 예수님에 대하여 수긍하고 수용하지 않
았습니다.

사람은 막무가내일 때가 가장 위험합니다.

예수께서는 안식일을 다스리는 분으로 그럴 만한 상황이면 융통성 있
게 안식일에도 일하게 허락하시는 분이며 예수님 스스로도 안식일에 일
할 만한 일이라면 일을 하시는 분입니다.

이스라엘은 감았던 눈을 뜨게 하시는 예수님을 환영하여 맞이해야 하
는데 공격하고 고발하려 하는 유대계 지배계층 사람들을 보며 예수께서
는 이스라엘의 지배계층과 위험한 상황에서 대립하고 계셨습니다.

이를 이스라엘 대중들은 대부분 알고 있었고 지지하거나 배척하는 세

력이 나뉘어 있었습니다.

그렇지만 예수님을 반대하는 자들은 하나님의 아들이라 자신을 밝히신 예수님을 이길 수 있는 것은 자신들이 하나님이 되어 예수님을 심판하는 것밖에는 방법이 없었습니다.

이스라엘은 예수님을 따르지 않고 예수님을 이기려 하였습니다.

위대한 예수님에 대하여 올바른 역사적인 기록조차 남기지 않았던 이스라엘입니다.

예수님이 역사적인 인물임에도 아무것도 인정치 않은 2천 년 전 유대인들은 대부분 죄를 받았습니다.

예수님에게 행한 유대인들의 억압에도 불구하고 전 세계에 예수님에 대한 이야기가 퍼져 예수님을 믿는 사람들이 늘어난 이 경이로운 지구의 모습에서 세계를 향한 하나님의 계획을 바라보며 주님을 사랑해야 합니다.

예레미야 22:3

여호와께서 이와 같이 말씀하시되 너희가 정의와 공의를 행하여 탈취
당한 자를 압박하는 자의 손에서 건지고 이방인과 고아와 과부를 압제
하거나 학대하지 말며 이곳에서 무죄한 피를 흘리지 말라

하나님의 정의와 공의란 인간이 생각할 수 있는 자비로우며 선한 행위
들을 뜻합니다. 전쟁 중에 약탈당한 자 또는 약자들을 죽이지 않고 누르
지 말며 학대하지 말고 존중하고 사랑하며 자유롭게 해 주어야 한다고 말
씀하십니다. 사랑의 하나님은 무죄한 자의 피를 흘리지 말 것을 말씀하셨
습니다. 이방인의 피 역시 흘리지 말 것을 말씀하셨습니다.

전쟁 중이라도 약자들을 죽이거나 더럽히지 말 것을 말씀하시고 높으
신 하나님의 백성은 전쟁 때라도 다른 나라와 다르게 선을 행한다는 사실
이 퍼져 뭇 나라들이 하나님을 두려워하며 하나님을 믿는 사람들이 많아
지도록 하나님께서 일러 주신 것들을 지켜야 합니다.

하나님의 백성은 하나님의 말씀에 순종하면 그것이 바로 하나님께 영
광을 돌리는 길이 생기므로 하나님께 사랑을 받는 백성이 됩니다.

하나님의 말씀은 듣는 사람은 좋은 일이 생기며 참지혜와 영광스런 생
명의 말씀을 듣는 것과 같습니다.

그러므로 하나님의 말씀은 많은 사람들이 지켜야 합니다.

말씀의 비밀 1

예레미야 애가 3:42-3:50

우리의 범죄함과 우리의 반역함을 주께서 사하지 아니하시고

진노로 자신을 가리시고 우리를 추격하시며 죽이시고 긍휼을 베풀지 아니하셨나이다

주께서 구름으로 자신을 가리사 기도가 상달되지 못하게 하시고

우리를 뭇 나라 가운데에서 쓰레기와 폐물로 삼으셨으므로

우리의 모든 원수들이 우리를 향하여 그들의 입을 크게 벌렸나이다

두려움과 함정과 파멸과 멸망이 우리에게 임하였도다

딸 내 백성의 파멸로 말미암아 내 눈에는 눈물이 시내처럼 흐르도다

내 눈에 흐르는 눈물이 그치지 아니하고 쉬지 아니함이여

여호와께서 하늘에서 살피시고 돌아보실 때까지니라

심각하고 중한 죄를 지으면(여러 범죄들의 반복과 반역) 하나님은 기도를 받지 않으십니다.

저는 한 기독교인이 개신교 안에서 예수님에게 반역을 한 사실이 있어 하나님께 기도를 드렸습니다.

여호와께서 진노하심으로 인하여 기도를 받지 않는 죄인은 벌을 받고 눈물로 지내야 하며 하나님의 진노가 그치고 다시 돌아보시며 죄인을 바라보실 때까지 기다려야 합니다.

이것은 인간인 죄인이 기다릴 수 있고 취할 수 있는 최대한의 행동입니다. 중죄를 지은 죄인은 하나님의 진노가 가라앉으실 때까지 기다려야 합

니다.

하나님 또한 진노가 크실 때는 그것이 가라앉을 때까지 시간이 필요하기 때문입니다.

신들의 왕이신 하나님은 인자하시고 오래 참음으로 인내하시지만 하나님께서 화가 많이 났다면 죄인 된 자는 마음을 강하게 가지고 신의 진노가 가라앉기를 말없이 기다려야 하는 것이 신을 대하는 준비된 자세가 될 것입니다.

그가 비록 근심하게 하시나 그의 풍부한 인자하심에 따라 긍휼히 여기
실 것임이라
주께서 인생으로 고생하게 하시며 근심하게 하심은 본심이 아니시로다

인간은 마음에 근심으로 인한 두려움이 있으나 주께서 근심하게 하셔
도 여호와께서는 인자하심이 크시므로 인생들을 사랑하십니다. 여호와께
서 인생들을 시험하심은 본래 인생들에게 갖고 계신 본심이 아니며 복주
고 영원토록 행복을 누리게 하심이 우리를 향하신 진실된 사랑의 마음입
니다.

하나님께서는 하나님의 백성들이 하나님을 사랑하나 하나님은 인간의
마음을 믿기 어렵습니다.

신에게 인간은 믿음의 대상이 될 수 없으므로 신은 내리사랑을 인간에
게 보여 주십니다.

그리고 하나님이 세우신 기준에 우리의 심령이 도달하면 그 사람을 축
복하시고 번성하게 하시며 부유하게 하십니다. 사랑 많으신 하나님의 품
에서 존재하며 살아가는 것은 큰 축복입니다.

여호와께서 이와 같이 말씀하시니라 내가 유다의 왕 시드기야와 그 고
관들과 예루살렘의 남은 자로서 이 땅에 남아 있는 자와 애굽 땅에 사
는 자들을 나빠서 먹을 수 없는 이 나쁜 무화과 같이 버리되
세상 모든 나라 가운데 흩어서 그들에게 환난을 당하게 할 것이며 또
그들에게 내가 쫓아 보낼 모든 곳에서 부끄러움을 당하게 하며 말거리
가 되게 하며 조롱과 저주를 받게 할 것이며
내가 칼과 기근과 전염병을 그들 가운데 보내 그들이 내가 그들과 그들
의 조상들에게 준 땅에서 멸절하기까지 이르게 하리라 하시니라

하나님께서 심히 진노하시고 분노하시면 신을 분노케 한 나라기 때문
에 멸망하게 됩니다.

그것은 죽음과 자연재해와 전염병으로 과정을 거쳐 그 나라의 백성을
없이 하십니다. 여호와 하나님은 한없이 인자하신 분이나 백성들이 스스
로 화를 불렀을 때 가차 없이 응징하시는 분이 하나님이십니다.

일일이 죄에 대하여 여호와께 혼이 나는 사람은 영이 살아 있는 건강한
사람입니다.

그러므로 사람의 영이 살아 있을 때 성경말씀을 믿고 준행하는 것이 복
있는 사람의 길입니다.

주께서 원수 같이 되어 이스라엘을 삼키셨음이여 그 모든 궁궐들을
삼키셨고 견고한 성들을 무너뜨리사 딸 유다에 근심과 애통을 더하셨
도다

하나님의 백성이 하나님께 범죄하여 죄가 크고 여호와를 배반하였을
때는 하나님의 백성이 하나님과 원수와 같이 되어 이스라엘을 멸망시키
셨습니다. 궁궐과 성들은 무너지고 그로 인한 고통과 슬픔을 그들에게 주
셨습니다.

하나님은 자비로우시고 인자하시나 죄를 짓고 하나님을 배반하면 하나
님으로 하여금 맹렬한 분노를 하게 만듭니다. 이스라엘은 무서운 벌을 받
아 고통을 겪어야 하며 큰 아픔들이 존재하였습니다.

이스라엘은 고대로부터 지속적으로 여호와를 배반을 하여 하나님의 진
노를 수차례 샀습니다.

같은 일이 반복되니 하나님의 진노 또한 더 커지기 마련입니다. 죄를 지
음이 상습적이지만 그래도 빌면 용서하십니다. 그러므로 여호와의 맹렬
한 죄에 대한 분노를 인간이 어찌 막을 수 있겠습니까! 사람들은 처음부
터 여호와께서 분노하시지 않도록 건강한 긴장상태를 유지하여 죄를 최
대한 짓지 말고 살아야 합니다.

부하려 하는 자들은 시험과 올무와 여러 가지 어리석고 해로운 욕심에
떨어지나니 곧 사람으로 파멸과 멸망에 빠지게 하는 것이라
돈을 사랑함이 일만 악의 뿌리가 되나니 이것을 탐내는 자들은 미혹을
받아 믿음에서 떠나 많은 근심으로써 자기를 찔렀도다

돈이 좋다고 돈을 좇는 자는 어리석음의 왕관을 쓰고 욕심에 빠져 결국
감옥에 가거나 벌을 받게 됩니다.

어리석음으로 눈이 어두워지니 심히 근심하게 되며 고통을 받습니다.
돈은 사랑의 대상이 아닌 편리하고 원하는 것과 돈을 바꾸는 소비를 하게
하는 매개체입니다.

돈이 목적이 되는 게 아니라 돈을 통하여 뜻을 이루되 그 뜻이 의롭고
바른 길이여야 합니다.

돈을 사랑하면 마음에 고통을 얻습니다.

겪지 않아도 되는 고통에 빠지지 말고 하나님을 사랑하여 평안과 행복
에 몰입하는 사람이 돼야 합니다.

오직 은밀한 것을 나타내실 이는 하늘에 계신 하나님이시라 그가 느부갓네살 왕에게 후일에 될 일을 알게 하셨나이다 왕의 꿈 곧 왕이 침상에서 머릿속으로 받은 환상은 이러하니이다

왕이여 왕이 침상에서 장래 일을 생각하실 때에 은밀한 것을 나타내시는 이가 장래 일을 왕에게 알게 하셨사오며

내게 이 은밀한 것을 나타내심은 내 지혜가 모든 사람보다 낫기 때문이 아니라 오직 그 해석을 왕에게 알려서 왕이 마음으로 생각하던 것을 왕에게 알려 주려 하심이니이다

느부갓네살 왕은 자신이 꿈으로 꾼 것을 맞춰 보라고 하고 해석도 하라면서 사실상 이 세상의 가장 높은 자를 찾고 있었습니다. 진실로 여호와와 함께하는 다니엘과 같은 자를 찾고 있었습니다.

다니엘은 이 능력이 지혜자의 지혜가 아님을 말합니다. 신께서 보여 주고 알려 준 것이라 하고 이를 왕에게 전하는 것임을 말하여 느부갓네살 왕 앞에서 하나님의 영광을 돌렸습니다.

사람을 은밀히 보시는 분은 하나님이며 우리의 머릿속까지 다 아시는 분이 주님뿐이십니다.

평소에는 사람의 생각을 다 듣지는 않으실 것입니다.

여호와께서는 아브라함에게 하시듯 인간을 마치 친구처럼 친밀히 대하시지만 어떤 좋지 않은 계기가 있을 때는 그 사람을 속속들이 다 자세히

보시는 분입니다.

    신이 머릿속을 보신다고 티가 나는 것도 아니고 아픈 것도 아니고 인간이 의식할 수 있는 것도 아니니 하나님이 바라보실 때는 반성하면서 받아들이면 됩니다.

    그리고 신께서 꿈을 꾸게 하시기도 하고 환상을 주시기도 합니다.

    하나님을 믿는 자들은 주께서 주시는 모든 영적인 선물들과 감찰하심을 감사히 생각해야 할 것입니다.

사람이 어찌 하나님의 것을 도둑질하겠느냐 그러나 너희는 나의 것을 도둑질하고도 말하기를 우리가 어떻게 주의 것을 도둑질하였나이까 하는도다 이는 곧 십일조와 봉헌물이라

너희 곧 온 나라가 나의 것을 도둑질하였으므로 너희가 저주를 받았느니라

만군의 여호와가 이르노라 너희의 온전한 십일조를 창고에 들여 나의 집에 양식이 있게 하고 그것으로 나를 시험하여 내가 하늘 문을 열고 너희에게 복을 쌓을 곳이 없도록 붓지 아니하나 보라

십일조는 하나님께서 각 사람을 위해 사람과 같이 일하신 수고하심에 대한 봉헌물입니다. 각 사람의 소득의 10%는 하나님의 것입니다. 자신을 위해 일어나지 않은 일에 관해 미리 적지 않은 보험을 드는 것이 사람의 마음입니다.

하물며 하나님께서 일하신 것을 백성이 봉헌하여 하나님과의 미래를 위한 신뢰를 구축하여 훗날 고난이 있을 때 하나님의 크신 팔로 모든 환란을 피하게 하시는 안전한 미래를 약속하는 신을 믿고 따르는 것은 정상적인 사람의 본성에 가깝습니다.

십일조를 지키지 않는 다면 이것은 사람의 본성이 아닌 마귀의 말에 넘어가는 것과 같습니다. 사람은 하나님을 믿음과 동시에 이성적으로도 생각해야 합니다.

구하라 그리하면 너희에게 주실 것이요 찾으라 그리하면 찾아낼 것이요

문을 두드리라 그리하면 너희에게 열릴 것이니

구하는 이마다 받을 것이요 찾는 이는 찾아낼 것이요 두드리는 이에게

는 열릴 것이니라

예수께서는 구하고 찾고 두드리는 대로 인간이 원하면 그 믿음대로 다 된다 하셨습니다.

믿음대로 될 것이라 하신 예수님의 순금 같은 말씀은 사람의 믿음과 신에게 갈망하는 마음이 신과 결합할 경우 강력한 힘을 발휘하여 그대로 이루어짐을 뜻합니다.

믿음의 사람이 예수님을 만나 최적의 효과를 얻고 믿음으로 사람이 강력해지는 것은 기쁜 일이자 성공의 길을 걷는 자라 하여 축복받습니다. 그는 행복한 사람이 됩니다.

요한복음 3:3

예수께서 대답하여 이르시되 진실로 진실로 네게 이르노니 사람이 거듭
나지 아니하면 하나님의 나라를 볼 수 없느니라

수년 전 저에게 "거듭나야 하겠다" 하시던 예수님의 말씀이 있으셨습니
다. 하루 종일 저와 함께하시며 제가 성경을 읽고 비둘기 같은 성령으로
인하여 저를 새롭게 하셨습니다. 이 거듭남은 한 번으로 끝나지 아니하였
고 수도 없이 거듭나 계속 매일을 새롭게 이끄셨습니다.

저는 기도로 매달리며 제게 있던 과거의 허물을 벗고 새 사람으로 날마
다 바뀌어 가며 새것이 되어 갔습니다. 예수님의 거듭남의 말씀은 새사람
으로 변화되고 과거의 나보다 앞서면서도 선한 나로 변화됨을 말합니다.

누구든지 이 거듭남은 성령이 없이는 할 수 없으니 성령을 사모해야 합
니다. 거듭남은 육신과 영혼을 깨끗하게 씻겨 내리기도 하는 중요한 일입
니다.

예레미야 29:10-29:13

여호와께서 이와 같이 말씀하시니라 바벨론에서 칠십 년이 차면 내가 너희를 돌보고 나의 선한 말을 너희에게 성취하여 너희를 이곳으로 돌아오게 하리라

여호와의 말씀이니라 너희를 향한 나의 생각을 내가 아나니 평안이요 재앙이 아니니라 너희에게 미래와 희망을 주는 것이니라

너희가 내게 부르짖으며 내게 와서 기도하면 내가 너희들의 기도를 들을 것이요

너희가 온 마음으로 나를 구하면 나를 찾을 것이요 나를 만나리라

하나님께서 말씀하신 바 우리의 소원이 바로 실현되지 않음은 우리의 기도를 듣지 않으심이 아니라 하나님께서 정하신 기한이 있으므로 그것을 채워야 응답이 이뤄질 것이라 하십니다.

사람들은 기도하다 무응답에 관하여 좌절하기도 하는데 하나님의 시간은 인간의 시간과 다르니 조금 더 깊게 생각하고 하나님을 존중해야 합니다. 어쩌면 시험일 수도 있는 기다림의 시간들이지만 인내하며 하나님을 찾아 결국 하나님을 만나고 결국엔 그분 앞에 마음에 담긴 귀한 것을 쏟아 내어 고백하고 바라는 것을 이루는 것이 참그리스도인입니다.

그런데 뱀은 여호와 하나님이 지으신 들짐승 중에 가장 간교하니라 뱀
이 여자에게 물어 이르되 하나님이 참으로 너희에게 동산 모든 나무의
열매를 먹지 말라 하시더냐
여자가 뱀에게 말하되 동산 나무의 열매를 우리가 먹을 수 있으나
동산 중앙에 있는 나무의 열매는 하나님의 말씀에 너희는 먹지도 말고
만지지도 말라 너희가 죽을까 하노라 하셨느니라
뱀이 여자에게 이르되 너희가 결코 죽지 아니하리라
너희가 그것을 먹는 날에는 너희 눈이 밝아져 하나님과 같이 되어 선악
을 알 줄 하나님이 아심이니라

뱀은 여자가 사실대로 털어놓게 하기 위해서 "동산 모든 나무의 열매를
먹지 말라 하시더냐"라고 자신이 잘못 알고 그에 대해 확신하는 것처럼
묻습니다.

여자는 별 생각 없이 뱀이 유도하는 방향으로 대답을 합니다. 여자가
친절하게 하나님께서 "동산 중앙에 있는 나무의 열매를 먹지 말라" 하셨
음을 말하자 뱀은 선악과를 먹으면 눈이 밝아지게 될 거라고 하나님이 아
시는 진실의 반쪽을 뱀이 자신의 지식대로 여자를 선악과를 먹게 꾀었습
니다.

이 선악과는 그리스 신화의 판도라의 상자와 같습니다. 인류가 척박한
환경에서 살게 된 원인입니다.

신은 인간에게 따뜻한 마음으로 친구처럼 대해 주고 사랑하였습니다.

단지 인간이 잘못했기 때문에 신과 멀어지고 고생스런 삶을 사는 것입니다.

우리는 조금이라도 신과 가까워지도록 신앙생활을 성실하게 해야 마음에 평안이 생기고 감사가 생깁니다.

감사는 인간에게 생겨나는 나쁜 마음을 없애 줍니다.

그의 대적들이 머리가 되고 그의 원수들이 형통함은 그의 죄가 많으므로 여호와께서 그를 곤고하게 하셨음이라 어린 자녀들이 대적에게 사로잡혔도다

예루살렘이 크게 범죄하므로 원수와 대적이 예루살렘 대신 머리가 되었고 원수가 형통하게 변함은 예루살렘이 범죄하여 악을 행하였다는 사실을 스스로를 뉘우치게 하는 기회를 제공합니다.

하나님은 원수와 대적을 범죄한 이스라엘에게 약이 되도록 강하고 거칠게 사용하십니다.

강하게 다스리지 않으면 수시로 죄 짓는 사람이 쉽게 죄악으로 인하여 무너지기 때문에 하나님이 주시는 고난은 눈물을 흘리게 합니다.

그들의 자녀 역시 포로로 끌려갔습니다.

사람이 하나님을 향해 가다가 반대로 가면 하나님은 그대로 반대로 역사하십니다. 하나님을 두려워한다면 죄를 회개하며 하나님의 말씀을 잘 들어야 합니다.

그가 우리를 흑암의 권세에서 건져내사 그의 사랑의 아들의 나라로 옮

기셨으니

흑암은 죄와 사망을 말하며 이들의 권세는 세상에서 높임을 받는 인간

조차 어쩔 수 없는 권세입니다.

죄를 지을수록 세상에서 높아지는 상황도 벌어지는데 이는 마귀가 가

진 권세를 지님과 같습니다.

그것은 마귀가 가질 영혼이 되어 가는 과정입니다.

우리를 세상에서 강력한 공중권세를 쥔 마귀에게서 건지시어 예수님의

나라로 보내시는 분은 오직 하나님이십니다. 주님께 감사해야 합니다.

예수께서 길을 가실 때에 날 때부터 맹인 된 사람을 보신지라

제자들이 물어 이르되 랍비여 이 사람이 맹인으로 난 것이 누구의 죄로

인함이니이까 자기니이까 그의 부모니이까

예수께서 대답하시되 이 사람이나 그 부모의 죄로 인한 것이 아니라 그

에게서 하나님이 하시는 일을 나타내고자 하심이라

날 때부터 장애를 가진 자들은 자신 또는 누군가 관련된 죄로 인함으로 장애가 있다는 말이 오래전부터 알려진 사실이었으나 예수님의 시대에 들어서면서 예수께서는 하나님이 일부러 일어날 기적을 위해 그렇게 날 때부터 장애를 가지거나 병든 사람이 생겨났다 하셨습니다.

사람마다 경우에 따라서 죄인이라 몸에 벌이 있는 것과 신의 뜻을 위해 일부러 몸이 불편하게 창조된 경우가 있으며 각기 이유와 원인이 사람마다 다르다는 사실이 예수님을 통해서 알려지게 되었습니다. 그렇기 때문에 고통 받는 모든 사람을 죄 있다 악하다고 비난하지 말아야 합니다.

모든 것은 각기 다르고 다양하며 제각기 이유가 다르고 사정이 있기 마련입니다.

잠언 10:9

바른 길로 행하는 자는 걸음이 평안하려니와 굽은 길로 행하는 자는 드러나리라

옳은 길로 가는 사람은 괴롭거나 불안하지 않고 굽은 길로 행하여 그릇된 길로 가는 자는 그 그릇됨과 잘못이 굽어 있는 길의 외형적인 모습으로 인하여 사람들에게 다 드러납니다.

하나님께서 굽은 길로 가는 자의 자만을 꺾으시기 위하여 그릇된 발걸음이 세상에 드러나게 하시기 때문입니다.

굽은 길로 향하던 자의 두려움대로 하나님은 밝은 빛을 비추어 그 수치를 온 천하에 드러나게 하십니다.

바른길은 행하면 마음에 안정이 있고 평화와 화평이 있습니다. 바른길은 걸을수록 행복합니다.

굽은 길은 곧 고통이 되므로 사람은 바른길을 가야 합니다.

거만한 자를 징계하는 자는 도리어 능욕을 받고 악인을 책망하는 자는
도리어 흠이 잡히느니라
거만한 자를 책망하지 말라 그가 너를 미워할까 두려우니라 지혜 있는
자를 책망하라 그가 너를 사랑하리라
지혜 있는 자에게 교훈을 더하라 그가 더욱 지혜로워질 것이요 의로운
사람을 가르치라 그의 학식이 더하리라

지혜로운 사람은 자신을 미워하는 사람을 만들지 않으며 흠을 잡히지
않습니다. 또한 능욕을 받지 않습니다. 세례 요한이 실수한 것은 거만한
왕의 잘못을 비판하는 것이었습니다. 그래서 흠을 잡히는 정도가 아니라
아예 목숨을 잃게 되었습니다.

솔로몬의 잠언은 사람을 슬기롭고 지혜롭게 만들어 줍니다. 지혜로운
자는 교훈으로 인해 빛날 것이요, 의로운 자는 가르침으로 인하여 더욱
똑똑하여집니다.

가르침이 필요한 자는 바로 의롭고 지혜 있는 자입니다.

의롭고 지혜 있는 자는 꾸짖으면 더욱 지혜를 얻어 꾸짖는 자를 존경합
니다.

옳은 것을 바르게 쓰지 않으면 낭비를 한 것과 같으니 거만한 자에게는
의로움을 낭비하지 말고 침묵해야 합니다.

잠언 12:13

악인은 입술의 허물로 말미암아 그물에 걸려도 의인은 환난에서 벗어
나느니라

악인은 말이 죄가 되고 걸림돌이 되어 함정에 빠지나 의인은 입술로 말
미암아 위기에서 벗어납니다.

악인은 근본이 악하므로 본성대로 악한 말을 하게 됩니다. 아브라함이
사라를 누이라고 말하고 생명의 위급함에서 벗어났듯 의인의 입술은 여
호와께서 감찰하십니다.

너희 민족들아 함성을 질러 보아라 그러나 끝내 패망하리라 너희 먼 나
라 백성들아 들을지니라 너희 허리를 동이라 그러나 끝내 패망하리라
너희 허리에 띠를 띠라 그러나 끝내 패망하리라
너희는 함께 계획하라 그러나 끝내 이루지 못하리라 말을 해 보아라 끝
내 시행되지 못하리라 이는 하나님이 우리와 함께 계심이니라

아무리 죽이고 갈취하려고 권모술수를 써 봐도 끝내는 아무것도 할 수
없고 그들의 계획도 실현되지 못하는 것은 하나님이 악인들로 하여금 빼
앗기거나 죽이려하는 것에 대하여 우리 개개인의 안에 보호하고 계신 까
닭입니다.

하나님의 권위와 하나님의 힘과 하나님이 주시는 생명이 우리 안에 빛
나고 있기 때문입니다. 주님은 우리 안에 생명을 주시기에 우리는 여러
민족들 뜻대로 우리의 것을 뺏길 수 없고 망할 수 없습니다.

하나님의 자녀가 되어 하나님과 함께 누리고 예수님과 누리며 평강이
있는 성령이 함께하는 삶을 사는 사람이 되어야 합니다.

그러므로 우리가 그리스도를 대신하여 사신이 되어 하나님이 우리를 통하여 너희를 권면하시는 것 같이 그리스도를 대신하여 간청하노니 너희는 하나님과 화목하라
하나님이 죄를 알지도 못하신 이를 우리를 대신하여 죄로 삼으신 것은 우리로 하여금 그 안에서 하나님의 의가 되게 하려 하심이라

사도들은 그리스도를 대신하여 하나님과 사람들이 화목하길 바랐고 죄를 알지 못했던 예수님이 대신하여 죄로 삼고 예수 그리스도 대신 우리를 하나님의 의가 되게 하려 하였습니다.

하나님은 인간을 사랑하기에 예수 그리스도를 통하여 하나님의 의를 나누어 주려 하십니다. 그런 사람들은 하나님의 자녀인 증표를 받는 것과 같습니다.

의를 기쁘게 받아 주님께 감사해야 합니다.

고난 당하기 전에는 내가 그릇 행하였더니 이제는 주의 말씀을 지키나이다

고난은 인내를, 인내는 연단을, 연단은 소망을 얻습니다.

고난은 주를 따르는 길로 들어서게 하는 길잡이와 같고 주를 향한 길로 안내함과 같으니 고난을 피하려 하기보다는 고난을 받고 기뻐하는 날을 기다려야 할 것입니다. 그리스도인이라면 고난을 이긴 후 축복이 임할 것입니다.

독사의 자식들아 너희는 악하니 어떻게 선한 말을 할 수 있느냐 이는 마음에 가득한 것을 입으로 말함이라
선한 사람은 그 쌓은 선에서 선한 것을 내고 악한 사람은 그 쌓은 악에서 악한 것을 내느니라

예로부터 이 말이 옳으나 요즘에는 독사가 선한 자를 삼키고 포만감을 가진 뒤 선한 자의 살점을 입술에 묻힌 채로 사람들 앞에 말하며 스스로를 선한 것처럼 가장하고 있습니다.

시대가 바뀌면서 이런 일도 생겼고 제가 직접 경험한 것이 있는데 가식과 가증스러운 낯빛을 하고 행동은 칼을 쥐고 찌르되 입으로는 거짓된 사랑의 말을 하고 있는 독사를 보았습니다.

이런 자들에게 속지 않으려면 손과 발을 보고 입술을 믿지 말아야 할 것이며 하나님께서 말씀하신 행위대로 심판하신다는 말씀을 믿어야 할 것입니다.

이와 같이 너희 중의 누구든지 자기의 모든 소유를 버리지 아니하면 능
히 내 제자가 되지 못하리라

예수님의 제자가 되려면 모든 것을 처음부터 마지막까지 새로이 배워
야 하므로 우리가 각기 자신의 뜻대로 살던 것을 버리지 않으면 새로운
복음이 우리 속에 온전히 들어올 수 없습니다. 불완전하게 일부만 들어와
서는 완전한 제자가 될 수 없습니다. 새로운 복음으로 새로워진 예수 그
리스도의 여러 사도들은 3년간의 배움을 통하여 오랫동안 복음을 전파하
였습니다.

그 말씀은 오늘날까지도, 미래에도 반짝이는 빛의 말씀으로, 살아 있는
말씀으로 인류에게 늘 가르침이 될 것입니다.

히브리서 11:1

믿음은 바라는 것들의 실상이요 보이지 않는 것들의 증거니

믿음을 지속하는 것은 사람이 염원하는 것들로 하여금 한 발, 한 발 나아가며 실현되어 가는 희망이자 목표에 이르는 것이며 눈으로 볼 수 없으나 그 걸음이 목표 삼은 종착역에 도착하여 멈출 때 우리가 행했던 믿음이 실재하는 형상이 만들어졌으므로 눈에 보이는 현실이 됩니다. 결국 믿음이 현실이 되는 과정을 실상과 증거로 채워 가는 것입니다. 이 또한 믿음으로 인하여 하나님이 베푸시는 상급입니다.

잔치는 희락을 위하여 베푸는 것이요 포도주는 생명을 기쁘게 하는 것
이나 돈은 범사에 이용되느니라

잔치와 포도주는 기쁨과 즐거움을 위한 것이며 포도주는 신약성경의
예수님의 피에 비유될 만큼 생명과 관계가 깊고 돈은 세상의 대부분의 경
우에 이용됩니다.

돈의 쓰임은 항시 같으니 현명한 사람은 사람을 이용하지 않고 돈을 이
용하며 돈을 잘 다루고 이용할 수 있습니다. 그런 사람이 물질주의 세상
에서 이긴 자입니다.

죽은 파리들이 향기름을 악취가 나게 만드는 것 같이 적은 우매가 지혜
와 존귀를 난처하게 만드느니라

주권자가 네게 분을 일으키거든 너는 네 자리를 떠나지 말라 공손함이
큰 허물을 용서 받게 하느니라

작은 어리석음은 여러 가지 악처럼 지혜와 존귀를 어찌할 수 없게 만듭
니다. 순진함에서 나오는 어리석음은 꾸짖기도 애매하고 그를 무시하기
도 어렵습니다.

주권자의 분노에 대답하고 엎드림은 바로 자기의 자리에서 가만히 있
는 것과 같으니 주권자께서 분이 식을 때까지 순종하여 공손히 있어야 합
니다. 그것이 용서를 받고 자신의 자리를 지키는 것입니다.

부자의 재물은 그의 견고한 성이요 가난한 자의 궁핍은 그의 멸망이니라

구약시대에 솔로몬 왕이 말하는 가난은 신의 저주가 임했다고 보는 시각을 가지고 있었습니다. 그러나 각기 다른 원인이지만 같은 결과를 가진 경우가 많이 있듯 의로운 가난한 자와 의로운 부자가 있고 악한 부자와 악한 가난한 자가 있습니다.

우리는 이를 분별하여 사람을 볼 수 있어야 합니다.

빈부의 격차가 모든 것을 설명할 수는 없습니다.

하지만 가난을 끌고 다니는 어둠의 영이 존재하는 것은 사실입니다. 우리는 어둠의 영과 의로운 궁핍함 자체를 구별할 줄 알아야 합니다.

어둠의 영은 기도로써 쫓아내야 합니다.

의로운 궁핍은 시험이 끝나면 부요해집니다.

예수를 파는 자가 그들에게 군호를 짜 이르되 내가 입 맞추는 자가 그이
니 그를 잡으라 한지라

곧 예수께 나아와 랍비여 안녕하시옵니까 하고 입을 맞추니

예수께서 이르시되 친구여 네가 무엇을 하려고 왔는지 행하라 하신대

이에 그들이 나아와 예수께 손을 대어 잡는지라

예수와 함께 있던 자 중의 하나가 손을 펴 칼을 빼어 대제사장의 종을
쳐 그 귀를 떨어뜨리니

이에 예수께서 이르시되 네 칼을 도로 칼집에 꽂으라 칼을 가지는 자는
다 칼로 망하느니라

너는 내가 내 아버지께 구하여 지금 열두 군단 더 되는 천사를 보내시게
할 수 없는 줄로 아느냐

내가 만일 그렇게 하면 이런 일이 있으리라 한 성경이 어떻게 이루어지
겠느냐 하시더라

예수께서는 끝까지 자신을 파는 제자 유다에게 친구라 부르시며 사랑
을 나타내셨습니다. 그리고 하늘과 땅의 권세를 가지고 계심을 말씀하셨
고 그 무엇보다도 성경의 예언을 스스로 이루려 하셨습니다.

스스로 잡히셨으며 스스로 죽이려는 자들에게 끌려가셨습니다.

물리칠 힘이 있었음에도 군중들과 제사장들의 뜻대로 하셨습니다. 예
수님은 하나님의 말씀이 이루어지는 것을 중요하게 생각하셨고 그대로
이행하셨습니다. 그분의 뜻은 하나님의 뜻과 같았고 하나님이셨습니다.

예수께서 이 말씀을 하시고 눈을 들어 하늘을 우러러 이르시되 아버지

여 때가 이르렀사오니 아들을 영화롭게 하사 아들로 아버지를 영화롭

게 하게 하옵소서

아버지께서 아들에게 주신 모든 사람에게 영생을 주게 하시려고 만민을

다스리는 권세를 아들에게 주셨음이로소이다

영생은 곧 유일하신 참 하나님과 그가 보내신 자 예수 그리스도를 아는

것이니이다

아버지께서 내게 하라고 주신 일을 내가 이루어 아버지를 이 세상에서

영화롭게 하였사오니

아버지여 창세 전에 내가 아버지와 함께 가졌던 영화로써 지금도 아버

지와 함께 나를 영화롭게 하옵소서

세상 중에서 내게 주신 사람들에게 내가 아버지의 이름을 나타내었나이

다 그들은 아버지의 것이었는데 내게 주셨으며 그들은 아버지의 말씀을

지키었나이다

지금 그들은 아버지께서 내게 주신 것이 다 아버지로부터 온 것인 줄 알

았나이다

나는 아버지께서 내게 주신 말씀들을 그들에게 주었사오며 그들은 이것

을 받고 내가 아버지께로부터 나온 줄을 참으로 아오며 아버지께서 나

를 보내신 줄도 믿었사옵나이다

내가 그들을 위하여 비옵나니 내가 비옵는 것은 세상을 위함이 아니요

내게 주신 자들을 위함이니이다 그들은 아버지의 것이로소이다

내 것은 다 아버지의 것이요 아버지의 것은 내 것이온데 내가 그들로 말미암아 영광을 받았나이다

나는 세상에 더 있지 아니하오나 그들은 세상에 있사옵고 나는 아버지께로 가옵나니 거룩하신 아버지여 내게 주신 아버지의 이름으로 그들을 보전하사 우리와 같이 그들도 하나가 되게 하옵소서

내가 그들과 함께 있을 때에 내게 주신 아버지의 이름으로 그들을 보전하고 지키었나이다 그 중의 하나도 멸망하지 않고 다만 멸망의 자식뿐이오니 이는 성경을 응하게 함이니이다

지금 내가 아버지께로 가오니 내가 세상에서 이 말을 하옵는 것은 그들로 내 기쁨을 그들 안에 충만히 가지게 하려 함이니이다

내가 아버지의 말씀을 그들에게 주었사오매 세상이 그들을 미워하였사오니 이는 내가 세상에 속하지 아니함 같이 그들도 세상에 속하지 아니함으로 인함이니이다

내가 비옵는 것은 그들을 세상에서 데려가시기를 위함이 아니요 다만 악에 빠지지 않게 보전하시기를 위함이니이다

내가 세상에 속하지 아니함 같이 그들도 세상에 속하지 아니하였사옵나이다

그들을 진리로 거룩하게 하옵소서 아버지의 말씀은 진리니이다

아버지께서 나를 세상에 보내신 것 같이 나도 그들을 세상에 보내었고 또 그들을 위하여 내가 나를 거룩하게 하오니 이는 그들도 진리로 거룩함을 얻게 하려 함이니이다

내가 비옵는 것은 이 사람들만 위함이 아니요 또 그들의 말로 말미암아

나를 믿는 사람들도 위함이니

아버지여, 아버지께서 내 안에, 내가 아버지 안에 있는 것 같이 그들도 다 하나가 되어 우리 안에 있게 하사 세상으로 아버지께서 나를 보내신 것을 믿게 하옵소서

내게 주신 영광을 내가 그들에게 주었사오니 이는 우리가 하나가 된 것 같이 그들도 하나가 되게 하려 함이니이다

곧 내가 그들 안에 있고 아버지께서 내 안에 계시어 그들로 온전함을 이루어 하나가 되게 하려 함은 아버지께서 나를 보내신 것과 또 나를 사랑하심 같이 그들도 사랑하신 것을 세상으로 알게 하려 함이로소이다

아버지여 내게 주신 자도 나 있는 곳에 나와 함께 있어 아버지께서 창세 전부터 나를 사랑하시므로 내게 주신 나의 영광을 그들로 보게 하시기를 원하옵나이다

의로우신 아버지여 세상이 아버지를 알지 못하여도 나는 아버지를 알았사옵고 그들도 아버지께서 나를 보내신 줄 알았사옵나이다

내가 아버지의 이름을 그들에게 알게 하였고 또 알게 하리니 이는 나를 사랑하신 사랑이 그들 안에 있고 나도 그들 안에 있게 하려 함이니이다

본문은 예수께서 잡히시기 전 기도하신 말씀입니다.

만민을 다스리시는 예수 그리스도의 권세는 하나님으로부터 나옴을 말씀하셨습니다.

이 기도에서 '내가 아버지 안에 아버지가 내 안에, 내 안에 주가 있고 주 안에 내가 있네'라는 말씀은 기독교의 신앙적 고백으로 자리 잡았고 사람들을 위하여 기도하셨습니다. 예수님은 진리란 세상에 속하지 않는 것이

라 하셨습니다. 기독교의 교리와 신앙이 되는 중요한 말씀을 인간세상에서 사는 마지막 날 밤에 기도로 말씀하셨습니다.

예수님은 어린양이자 목자입니다.

사랑이 많으신 그분의 미소는 보는 이들이 그분을 거룩하게 보게 합니다.

십자가의 죽음이 마음이 아프지만 죄를 진 인간은 어쩔 수 없이 그 십자가 밑에 고개를 숙이고 눈물로써 용서를 구하며 죄 씻음을 받아야만 기뻐할 수 있는 것을 알고 감사하는 마음을 가지는 것은 신앙의 과정입니다.

장차는 백성이나 제사장이나 동일함이라 내가 그들의 행실대로 벌하며
그들의 행위대로 갚으리라

여호와께서는 의인이나 악인이나 그 행실과 그 행위대로 되갚아 주십
니다.

행실이 옳아야 구원을 얻고 행위가 바람직해야 은혜를 입습니다. 그러나
마음이 이와 반대되어 멀리 있다면 이 행위 또한 헛된 것이 되고 맙니다.

마음과 행위가 일치하게 하여 선한 마음으로 선한 행동을 해야 합니다.
그래야 여호와께 축복 받는 사람이 됩니다.

너는 하나님과 화목하고 평안하라 그리하면 복이 네게 임하리라

청하건대 너는 하나님의 입에서 교훈을 받고 하나님의 말씀을 네 마음
에 두라

네가 만일 전능자에게로 돌아가면 네가 지음을 받을 것이며 또 네 장막
에서 불의를 멀리 하리라

하나님과 화목하라는 이 말씀은 고대 구약 시대에서 신약 시대에 이르
기까지 반복되던 말씀입니다.

이것은 예수 그리스도의 탄생의 목적이 되었습니다.

예수 그리스도는 인간과 하나님을 화목케 하셨습니다.

하나님의 입술에서 나오는 교훈과 하나님의 말씀을 마음에 두어야 합
니다.

기쁨이 생겨나는 일이기 때문입니다.

전능자 곧 여호와께서는 돌아오는 자를 다시 지으시며 불의를 멀리하
는 정의로운 사람이 되는 것을 말씀하셨습니다. 여호와께서는 한 사람을
완전히 바꿔 놓기도 하시며 사람에게 능치 못하실 일이 없습니다.

하나님과의 관계 맺기가 불안정했던 고대사회의 흐름은 하나님과 인류
를 화목케 하시는 예수 탄생의 필요성에 대한 복선적인 상황입니다.

너희는 이르되 누구든지 아버지에게나 어머니에게 말하기를 내가 드려

유익하게 할 것이 하나님께 드림이 되었다고 하기만 하면

그 부모를 공경할 것이 없다 하여 너희의 전통으로 하나님의 말씀을 폐

하는도다

외식하는 자들아 이사야가 너희에 관하여 잘 예언하였도다 일렀으되

이 백성이 입술로는 나를 공경하되 마음은 내게서 멀도다

사람의 계명으로 교훈을 삼아 가르치니 나를 헛되이 경배하는도다 하

였느니라 하시고

유대인들은 하나님께 유익하게 할 것을 드렸다 하기만 하면 부모를 공

경할 것이 없다며 하나님의 율법을 지키지 않고 스스로 폐하였습니다.

말로는 시인하나 마음에는 하나님이 존재하지 않은 유대민족에게 하시

는 말씀이며 사람의 계명으로 하나님을 경배하는 올바르지 않는 관행이

생겨났고 이를 유대민족이 따르고 있음을 말씀하셨습니다.

하나님의 계명만이 하나님을 경배할 수 있습니다.

인간들은 신께서 법을 내려 주면 해석을 달고 추가적인 것을 덧붙이며

공부를 합니다. 해석한 것에 해석을 더하여 혼란이 생기므로 오류를 범하

고 그것을 엉터리로 지키는 사람들이 있어 예수께서는 이를 안타까워하

셨습니다. 우리는 종종 문자 그대로 성경을 읽어 볼 필요가 있습니다.

그리고 이해하여 받아들여야 합니다.

욥기 28:12-28:28

그러나 지혜는 어디서 얻으며 명철이 있는 곳은 어디인고

그 길을 사람이 알지 못하나니 사람 사는 땅에서는 찾을 수 없구나

깊은 물이 이르기를 내 속에 있지 아니하다 하며 바다가 이르기를 나와 함께 있지 아니하다 하느니라

순금으로도 바꿀 수 없고 은을 달아도 그 값을 당하지 못하리니

오빌의 금이나 귀한 청옥수나 남보석으로도 그 값을 당하지 못하겠고

황금이나 수정이라도 비교할 수 없고 정금 장식품으로도 바꿀 수 없으며

진주와 벽옥으로도 비길 수 없나니 지혜의 값은 산호보다 귀하구나

구스의 황옥으로도 비교할 수 없고 순금으로도 그 값을 헤아리지 못하리라

그런즉 지혜는 어디서 오며 명철이 머무는 곳은 어디인고

모든 생물의 눈에 숨겨졌고 공중의 새에게 가려졌으며

멸망과 사망도 이르기를 우리가 귀로 그 소문은 들었다 하느니라

하나님이 그 길을 아시며 있는 곳을 아시나니

이는 그가 땅 끝까지 감찰하시며 온 천하를 살피시며

바람의 무게를 정하시며 물의 분량을 정하시며

비 내리는 법칙을 정하시고 비구름의 길과 우레의 법칙을 만드셨음이라

그때에 그가 보시고 선포하시며 굳게 세우시며 탐구하셨고

또 사람에게 말씀하셨도다 보라 주를 경외함이 지혜요 악을 떠남이 명철이니라

말씀의 비밀 1

지혜와 명철의 귀함이 이세상의 것이 아니므로 생기는 것이고 그것은 세상에 속하지 않습니다.

　모든 생물의 눈에 가려진 이 명철은 하나님께서만 아시며 주를 섬기고 경외함이 명철이므로 악을 떠남은 악의 자국을 지워 없이 하는 것과도 같고 이와 같은 행위는 명철과 같다 볼 수 있습니다.

　명철은 하나님의 것이자 하나님이 인간에게 주시는 새로운 지혜입니다.

욥기 27:13-27:23

악인이 하나님께 얻을 분깃, 포악자가 전능자에게서 받을 산업은 이것
이라

그의 자손은 번성하여도 칼을 위함이요 그의 후손은 음식물로 배부르
지 못할 것이며

그 남은 자들은 죽음의 병이 돌 때에 묻히리니 그들의 과부들이 울지 못
할 것이며

그가 비록 은을 티끌 같이 쌓고 의복을 진흙 같이 준비할지라도

그가 준비한 것을 의인이 입을 것이요 그의 은은 죄 없는 자가 차지할 것
이며

그가 지은 집은 좀의 집 같고 파수꾼의 초막 같을 것이며

부자로 누우려니와 다시는 그렇지 못할 것이요 눈을 뜬즉 아무것도 없
으리라

두려움이 물 같이 그에게 닥칠 것이요 폭풍이 밤에 그를 앗아갈 것이며

동풍이 그를 들어올리리니 그는 사라질 것이며 그의 처소에서 그를 몰
아내리라

하나님은 그를 아끼지 아니하시고 던져 버릴 것이니 그의 손에서 도망
치려고 힘쓰리라

사람들은 그를 바라보며 손뼉치고 그의 처소에서 그를 비웃으리라

본문은 악인의 분깃과 악인의 소유함은 헛됨과 칼에서 비롯되었으며

말씀의 비밀 1

세상을 칼과 함께 유리하는 자가 되어 험난한 삶을 살고 재산을 모으더라도 쓰지 못하고 죽게 되고 의인과 죄 없는 자가 차지하게 될 것이며 악인의 모든 화려함은 다 쓰러져 소용없게 됨을 말하고 있습니다.

그럼에도 악인 중에는 선한 일을 하는 자가 있음을 알고 의인임에도 악한 일을 하는 사람이 있는데 이 둘은 각자 그 행위대로 심판 받는다 말씀하셨습니다.

하나님의 심판은 악인의 본성에 의하여 받는 게 아니라 행위대로 받습니다.

주 앞에서 낮추라 그리하면 주께서 너희를 높이시리라

왕이신 주 앞에서 스스로를 낮추는 자는 왕이신 주의 앞에 훌륭한 자가 됩니다.

신 앞에서 스스로를 높이는 자에게 말씀하시는 우려와 경계 대신 스스로를 낮추는 자에게 여호와의 이름과 그 권세로 겸손한 자를 합법적으로 높여 주시는 주는 하나님이심을 알아야 할 것입니다.

하나님의 영광의 빛은 스스로를 높이는 자의 영광에 비할 수 없는 고귀한 것임을 알아야 합니다.

우리의 머리에서는 면류관이 떨어졌사오니 오호라 우리의 범죄 때문이
니이다

면류관에 관하여 신약성경에서는 자주 언급되는데 면류관은 승리를 상
징합니다.

구약성경의 예레미야 애가에서 나오는 면류관은 살아가며 여호와께 일
찍 받은 면류관을 뜻하며 죄 있는 자의 면류관은 중도에 머리에서 떨어진
다고 말하고 있습니다.

이것은 신약성서의 예수님의 말씀과 다릅니다.

신약성경과 찬송가의 가사는 우리의 삶이 다하여 승리했을 때 예수께
서 면류관을 주시고 받은 자는 그 면류관을 쓰고 주를 찬송하는 것이 영
생에 도착한 것입니다. 신약성경에는 예수께서 오심으로 인해 믿음으로
인하여 각 사람의 사후가 확정되고, 알려지지 않던 천국에서 면류관을 받
는 것으로 변경되어 기록되었습니다.

이 세상과 하나님께서는 예수 그리스도로 인하여 바뀌신 것입니다.

내가 내 집 들창으로, 살창으로 내다보다가

어리석은 자 중에, 젊은이 가운데에 한 지혜 없는 자를 보았노라

그가 거리를 지나 음녀의 골목 모퉁이로 가까이 하여 그의 집 쪽으로 가는데

저물 때, 황혼 때, 깊은 밤 흑암 중에라

그 때에 기생의 옷을 입은 간교한 여인이 그를 맞으니

이 여인은 떠들며 완악하며 그의 발이 집에 머물지 아니하여

어떤 때에는 거리, 어떤 때에는 광장 또 모퉁이마다 서서 사람을 기다리는 자라

그 여인이 그를 붙잡고 그에게 입맞추며 부끄러움을 모르는 얼굴로 그에게 말하되

내가 화목제를 드려 서원한 것을 오늘 갚았노라

이러므로 내가 너를 맞으려고 나와 네 얼굴을 찾다가 너를 만났도다

내 침상에는 요와 애굽의 무늬 있는 이불을 폈고

몰약과 침향과 계피를 뿌렸노라

오라 우리가 아침까지 흡족하게 서로 사랑하며 사랑함으로 희락하자

남편은 집을 떠나 먼 길을 갔는데

은 주머니를 가졌은즉 보름날에나 집에 돌아오리라 하여

여러 가지 고운 말로 유혹하며 입술의 호리는 말로 꾀므로

젊은이가 곧 그를 따랐으니 소가 도수장으로 가는 것 같고 미련한 자가

벌을 받으려고 쇠사슬에 매이러 가는 것과 같도다

필경은 화살이 그 간을 뚫게 되리라 새가 빨리 그물로 들어가되 그의 생

명을 잃어버릴 줄을 알지 못함과 같으니라

이제 아들들아 내 말을 듣고 내 입의 말에 주의하라

네 마음이 음녀의 길로 치우치지 말며 그 길에 미혹되지 말지어다

대저 그가 많은 사람을 상하여 엎드러지게 하였나니 그에게 죽은 자가

허다하니라

그의 집은 스올의 길이라 사망의 방으로 내려가느니라

음녀는 황혼에 자신이 있는 방향으로 걸어오는 남자를 골라 침상으로 같이 가서 음행한 뒤 그를 마음대로 가지고 놀다가 이용가치가 다하면 입막음을 위하여 칼에 맞게 하여 죽게 하였고 이런 경우가 수도 없이 많았습니다.

남편에게도 음녀의 행위가 알려져 남자들이 남편 손에 죽었을 것입니다.

음녀는 남편의 지위와 신분으로 인하여 어두울 때 범행을 저지릅니다.

인생에 어느 때가 어둡고 캄캄한 시절이 있을 때 지혜 없는 청년은 부유하고 힘 있는 남편을 가진 음녀의 유혹에 넘어가 자기 목숨을 넘겨주고 맙니다. 많은 청년과 나이 든 남자들은 지혜를 갈구하여 이와 같은 음녀의 꾐에 넘어가지 않고 생명을 보존하는 지혜를 얻어야 합니다.

요한복음 1:18

본래 하나님을 본 사람이 없으되 아버지 품속에 있는 독생하신 하나님
이 나타내셨느니라

하나님을 본 사람은 없으나 하나님 품속에 있는 독생자 예수 그리스도,
즉 하나님이 나타나셨습니다.

예수 그리스도를 본 사람은 많았습니다.

성삼위일체로 예수님, 하나님, 성령님께서는 주님입니다. 하나님의 아
들이시며 하나님으로도 칭함을 받는 예수님께서는 놀라운 권능으로 인간
들을 진리로 이끄시며 인간에 대하여 인류애를 가지신 분이었습니다.

예수께서는 하나님을 빼어 닮으셨습니다.

그분께 순종하여 인류대심판의 마지막 날에 당당하게 서 있을 수 있으
며 미리 회개하여 죄악에서 살아남는 사람이 되어야 합니다.

그러므로 단비가 그쳤고 늦은 비가 없어졌느니라 그럴지라도 네가 창녀
의 낯을 가졌으므로 수치를 알지 못하느니라

선악과를 먹은 인간은 선악과 더불어 죄와 의를 알게 되어 죄에서 오는 수치를 알게 되었으나 선악과에 들어 있던 매춘업을 하는 여성은 악한 일을 하는 창녀가 됩니다. 그러나 창녀는 깊은 죄의 안에 거하므로 수치를 알 수 없습니다. 단비와 늦은 비의 그침으로 죄를 깨달아야 하나 창녀의 낯을 가진 이는 죄를 부인합니다.

창녀는 자신의 세계가 당연하다고 하며 매춘이 자신의 삶이자 세상이라 여기므로 죄가 있음에도 수치를 모르는 얼굴을 하고 살아갑니다.

악한 창녀는 선악과의 열매대로 행동하는 자이며 선악과가 주었던 기본적인 수치심 대신 죄의 세계에 물들어 당당하게 삽니다.

창녀는 선악과를 먹은 인류의 조상부터 가지고 있는 원죄도 인식할 수 없을 정도로 넓은 죄의 바다에서 살고 있기 때문입니다.

이르시되 어떤 사람이 큰 잔치를 베풀고 많은 사람을 청하였더니

잔치할 시각에 그 청하였던 자들에게 종을 보내어 이르되 오소서 모든 것이 준비되었나이다 하매

다 일치하게 사양하여 한 사람은 이르되 나는 밭을 샀으매 아무래도 나가 보아야 하겠으니 청컨대 나를 양해하도록 하라 하고

또 한 사람은 이르되 나는 소 다섯 겨리를 샀으매 시험하러 가니 청컨대 나를 양해하도록 하라 하고

또 한 사람은 이르되 나는 장가들었으니 그러므로 가지 못하겠노라 하는지라

종이 돌아와 주인에게 그대로 고하니 이에 집 주인이 노하여 그 종에게 이르되 빨리 시내의 거리와 골목으로 나가서 가난한 자들과 몸 불편한 자들과 맹인들과 저는 자들을 데려오라 하니라

종이 이르되 주인이여 명하신 대로 하였으되 아직도 자리가 있나이다

주인이 종에게 이르되 길과 산울타리 가로 나가서 사람을 강권하여 데려다가 내 집을 채우라

내가 너희에게 말하노니 전에 청하였던 그 사람들은 하나도 내 잔치를 맛보지 못하리라 하였다 하시니라

하나님의 계획한 잔치 자리에 하나님을 기존에 알던 사람들이 모두 오지 않아 잘 모르는 새로운 사람들로 그 자리를 채워 잔치를 여시려 하신

하나님은 그 뜻대로 서로 모르는 새사람들을 통해 계획하신 일을 하셨습니다.

세상은 때로는 지인이 주최자에게 비협조하는 일이 있고 오히려 모르는 자가 더 협력할 때가 있습니다.

그런 세상의 현상을 말씀하신 하나님은 사람들에게 교훈을 주시며 때로는 모르는 자가 아는 자보다 낫고 더 가깝다 말씀하십니다. 인간세상에서 살다 보면 기존의 벗이 아닌 새 친구가 더 낫고 필요할 때가 있습니다.

하나님께서 창세 전 계획을 위하여 사람을 새사람으로 새롭게 하신 까닭입니다. 다른 사람들로 채우신 것은 하나님을 믿더라도 전향하지 않으면 다른 사람이 기존의 믿는 사람들의 자리를 대신한다는 뜻으로 사람들의 인생의 교훈을 뜻하기도 하며 믿는 자에 대하여 말씀하신 비유 말씀입니다.

너희를 박해하는 자를 축복하라 축복하고 저주하지 말라

모든 것은 되돌아옵니다.

박해하는 자는 박해를 받으며 축복하는 자는 축복을 받습니다.

박해하는 자를 축복하면 그로부터 축복이 배가 되어 돌아올 것입니다.

예수님께 상도 받고 축복도 받게 되므로 우리는 박해하는 자를 축복하여야 합니다.

박해하는 자를 축복하기란 육신의 고통이 있어 쉽지 않으나 마음을 잘 먹는다면 주께서 축복할 수 있는 길을 열어 주십니다. 원수를 사랑하는 것은 하나님께 한 발 더 다가갈 수 있는 예수님의 말씀임을 기억해야 합니다.

여호와께서 그의 권능으로 땅을 지으셨고 그의 지혜로 세계를 세우셨고

그의 명철로 하늘을 펴셨으며

본문에 쓰인 권능과 지혜와 명철, 이것은 여호와께서 신들의 왕이자 인류의 주님이심을 나타내는 진실하신 우리 아버지의 모습입니다. 본래 준엄하고 신성하기까지 한 이 세상을 창조하신 하나님의 모습은 인간이 상상할 수 없고 감당치 못하며 너무 위대하여 두려움마저 밀려오는 분이 여호와 하나님입니다.

나의 고통이 계속하며 상처가 중하여 낫지 아니함은 어찌 됨이니이까
주께서는 내게 대하여 물이 말라서 속이는 시내 같으시리이까
여호와께서 이와 같이 말씀하시되 네가 만일 돌아오면 내가 너를 다시
이끌어 내 앞에 세울 것이며 네가 만일 헛된 것을 버리고 귀한 것을 말
한다면 너는 나의 입이 될 것이라 그들은 네게로 돌아오려니와 너는 그
들에게로 돌아가지 말지니라
내가 너로 이 백성 앞에 견고한 놋 성벽이 되게 하리니 그들이 너를 칠지
라도 이기지 못할 것은 내가 너와 함께 하여 너를 구하여 건짐이라 여호
와의 말씀이니라
내가 너를 악한 자의 손에서 건지며 무서운 자의 손에서 구원하리라

우리가 믿음으로 주 앞에 있다 생각하며 그럼에도 불구하고 왜 아픔이
지속되는지 모를 때 하나님께서 하신 말씀입니다.

헛되고 거짓된 것에서 완전히 돌아오라 하신 하나님의 말씀입니다.

완전히 주님께 돌아온다면 견고한 성이 되어 그 누구도 이기지 못할 것
이며 악하고 무서운 자의 손에서 살리며 구하신다 약속하신 하나님의 말
씀이 존재합니다.

하나님을 멀리 떠나는 건 좋지 않지만 고생한 뒤 다시 되돌아오면 좋은
것을 약속하신 주의 말씀을 통해 우리는 어쩔 수 없는 인간의 습성을 통
하여 하나님의 사랑을 확인할 수 있으므로 감사하게 됩니다. 그러나 가장
좋은 것은 항상 하나님 곁에 있는 것입니다.

여호와께서 이와 같이 말씀하시되 지혜로운 자는 그의 지혜를 자랑하지 말라 용사는 그의 용맹을 자랑하지 말라 부자는 그의 부함을 자랑하지 말라

자랑하는 자는 이것으로 자랑할지니 곧 명철하여 나를 아는 것과 나 여호와는 사랑과 정의와 공의를 땅에 행하는 자인 줄 깨닫는 것이라 나는 이 일을 기뻐하노라 여호와의 말씀이니라

지혜와 용맹과 부함은 세상에서 빼앗는 자가 있습니다.

다른 종교에는 남의 것을 빼앗는 주문을 읽는 행위를 하기도 합니다.

여호와께서는 인간이 자랑으로 삼을 만한 것들을 인간이 가지게 하셨지만 이것들은 이방신을 섬기는 술사들과 주술과 주문으로 강탈당할 수 있고 강도 같은 자들이 빼앗아갈 때가 종종 있습니다.

세상의 여러 종교에는 먹이사슬이 존재합니다.

우리가 자랑해야 할 것을 친히 지혜로 알려 주신 여호와께 감사하여야 할 것입니다.

여호와를 알고 그가 계신 것을 아는 것은 하나님을 기쁘시게 하는 것입니다.

하나님은 공의로우신 분입니다. 이것을 자랑하는 것이 하나님을 기쁘시게 하여 상도 받고 사랑도 받는 길입니다.

목자들은 어리석어 여호와를 찾지 아니하므로 형통하지 못하며 그 모
든 양 떼는 흩어졌도다

참된 목자는 여호와를 경외하고 섬기며 양들을 치므로 본문에 나온 목
자는 거짓된 목자를 말하고 있습니다.

어리석은 목자는 야훼를 찾지 않는다고 말하고 있습니다. 그런 목자는
양 떼를 기를 수도 없으며 양들을 모두 떠나보냅니다.

크리스천은 목자를 자세히 관찰해야 합니다.

예수 그리스도와 같은 참된 목자가 아니면 양들은 놀라서 다들 제 갈 길
로 도망가고 거짓목자는 양들을 죽음으로 몰아넣으려 하여 양들이 흩어
집니다.

목자가 양을 사랑한다면 여호와 하나님을 찾게 되어 있습니다. 좋은 목
자가 있는 교회를 찾아 양들이 모여 있으며 양들은 목자에게 양육되고 있
습니다. 양들은 양을 사랑하는 목자를 만나야 합니다.

힌놈의 아들 골짜기에 도벳 사당을 건축하고 그들의 자녀들을 불에 살랐나니 내가 명령하지 아니하였고 내 마음에 생각하지도 아니한 일이니라

여호와께서 가증히 여기시는 일중에 이방신을 섬길 때 자식이 짐승인 듯 자신의 자식을 불태워 죽이는 의식이 있습니다. 이것을 시키는 것이 신일 리 없습니다. 마귀나 다름없는 형체를 신이라 이름 하여 마귀를 섬기고 있으므로 그는 여호와의 분노를 일으켰습니다.

성경에 여러 번 등장하는 이 끔찍한 의식으로 이스라엘이 하나님으로부터 수도 없이 야만적인 일을 행하고 있었습니다.

하나님의 명령은 이런 것과 다르며 생각지도 않으셨다고 말씀하십니다. 이것은 여호와의 진노가 끊이질 않는 행위임을 암시합니다.

이스라엘은 두려워해야 했고 멈춰야 했습니다.

그러나 하나님의 능력을 체험하지 못한 그들은 무감각하여 하나님의 분노의 잔을 받았습니다.

성경에 종종 기록되어 있는 이스라엘의 우상숭배와 비인륜적 제사의식은 하나님을 진노하게 하였습니다.

위기가 찾아왔을 때 나라를 구하려면 하나님만을 바라보아야 합니다. 그것이 나라가 살길입니다.

너희 마음의 눈을 밝히사 그의 부르심의 소망이 무엇이며 성도 안에서
그 기업의 영광의 풍성함이 무엇이며
그의 힘의 위력으로 역사하심을 따라 믿는 우리에게 베푸신 능력의 지
극히 크심이 어떠한 것을 너희로 알게 하시기를 구하노라

마음의 눈이 뜨여 영생과 천국의 기쁨을 맛보고 강하게 임재하시는 주
님을 믿고 세상을 살아가는 우리들에게 믿음대로 베푸신 능력을 알기를
원하는 성도를 향한 마음이 담긴 메시지입니다.

주님께 간구하면 들어주시는 하나님의 사랑을 알아야 하며 사랑을 알
게 된 자에게 축복이 임할 것입니다.

입에서 나오는 것들은 마음에서 나오나니 이것이야말로 사람을 더럽게 하느니라

마음에서 나오는 것은 악한 생각과 살인과 간음과 음란과 도둑질과 거짓 증언과 비방이니

이런 것들이 사람을 더럽게 하는 것이요 씻지 않은 손으로 먹는 것은 사람을 더럽게 하지 못하느니라

예수께서는 악한 것이 마음에 생긴다 하셨습니다. 그것이 입으로 나와 말로 사람을 죽이고 음란과 간음의 말을 하며 거짓말을 하고 비방하여 사람을 헐뜯습니다.

이것이야말로 사람을 더럽고 지저분하게 만든다 하신 주님의 말씀이 사실이 된 것들입니다.

이것들은 우리가 생각하기도 전에 상황에 따라 순식간에 마음에 생겨 입으로 내뱉게 됩니다.

그리고 그것이 더러운 것인지도 바로 깨닫지 못합니다.

이 말씀을 아는 사람은 마음을 청결히 하고자 자신을 인식하며 살지만 그렇지 않은 사람들은 인지를 하지 못하며 악을 뱉어 내며 살아갑니다.

이와 같은 예수님의 말씀은 탈무드보다 수준 높은 인간이 따라야 하는 진리의 말씀입니다.

하나님 앞에서는 스올도 벗은 몸으로 드러나며 멸망도 가림이 없음이라

모든 것의 중심을 보시는 하나님 앞에서는 지옥도 멸망도 숨김없이 다 드러나며 내 앞에 스올이 있으면 가려져 내 발을 디딜 그 순간의 기다림을 막기 위하여 스올은 벗은 몸으로 드러나고 사람이 멸망의 길 앞에서도 그 걸음을 멈출 수 있도록 멸망의 길이 드러납니다.

이는 여호와께서 감찰하시는 때에 마침 그 앞에 서 있던 사람에게 드러남이니 하나님 앞에서는 가림이 없다는 말씀으로 모든 것이 드러나는 것은 하나님 앞에 있는 증거이니 이것을 잊지 말고 기억하여야 합니다.

너는 스스로 삼가 네 앞에서 멸망한 그들의 자취를 밟아 올무에 걸리지 말라 또 그들의 신을 탐구하여 이르기를 이 민족들은 그 신들을 어떻게 섬겼는고 나도 그와 같이 하겠다 하지 말라

탐구와 탐색, 모험은 인간들의 본능적인 욕구입니다. 여호와께서는 자신이 지으신 인간의 심리를 잘 알아 율법에 이와 관한 것을 정하며 금지하셨습니다.

이방신을 탐구하지 말라 하셨습니다.

저는 20세가 되면서 성경을 가슴에 두지 않다가 불교에서 7년을 있으며 탐구하다가 석가모니의 깨달음을 얻었으나 여호와께서는 저를 다시 부르시고 불심인 연꽃을 제 마음에서 완전히 뽑아내시며 저를 절에서 데리고 나와 예수님의 도를 보고 배우고 다시 성경을 제대로 읽으라고 명하셨습니다.

하나님의 자녀는 높으신 주님만 바라보고 살며 따라야 합니다. 저는 불교의 윤회를 생각하다 영육간의 고통이 있어 다시 천국복음을 생각하였습니다.

불교는 세상의 자연스러운 일, 당연한 물질세계의 원시과학 같은 일들과 하나님의 기본 법칙을 교리로 쓰고 있습니다.

결국 저는 불교에서는 완전한 해답을 찾을 수 없었습니다.

어느 날 밤 저에게 찾아온 석가모니는 저를 보고 윤회를 더는 안 시키겠

다고 하였으나 저는 예수님을 택하였습니다. 불교에 속하면 윤회는 죄를 지으면 언젠가 다시 시작해야 할 것입니다.

아무리 석가모니라도 그가 신이라면 인간의 죄를 벌주는 일을 하지 않을 수가 없고 사람이 신의 경지에 올라서 그만둬야 하는 윤회의 끝을 그 경지에 오르지도 않은 인간에게 주는 혜택은 결국 부작용이 있기 마련입니다.

예수님은 극락과 차별화된 영원한 생명, 천국을 약속하셨습니다. 세상은 단순한 것을 위하여 복잡한 것이 존재합니다. 예수님의 진리만이, 여호와의 법이 사람을 온전한 인간으로 만들어 줍니다.

마음에 평안을 얻고 하나님의 말씀으로 기쁨을 느낍니다. 저의 38년 삶의 31년은 하나님께 있었습니다.

하나님은 하나님의 자녀가 다른 곳에 있으면 어디에 있든 언제든 어떻게든지 다시 데리고 나오시는 분임을 알아야 합니다. 하나님의 언약하신 자녀에 대한 사랑은 끝이 없습니다.

태초에 말씀이 계시니라 이 말씀이 하나님과 함께 계셨으니 이 말씀은 곧 하나님이시니라

그가 태초에 하나님과 함께 계셨고

만물이 그로 말미암아 지은 바 되었으니 지은 것이 하나도 그가 없이는 된 것이 없느니라

그 안에 생명이 있었으니 이 생명은 사람들의 빛이라

빛이 어둠에 비치되 어둠이 깨닫지 못하더라

하나님께로부터 보내심을 받은 사람이 있으니 그의 이름은 요한이라

그가 증언하러 왔으니 곧 빛에 대하여 증언하고 모든 사람이 자기로 말미암아 믿게 하려 함이라

요한복음 1장에 기록된 "그"는 바로 성령님을 뜻합니다. 성령과 하나님이 함께하심을 말합니다.

그리고 그 뒤를 이어 예수 그리스도인 "빛"에 대하여 생명이라 기록하고 있습니다.

성령 안에 예수 그리스도께서 계셨음을 말씀하셨습니다.

성령으로 인하여 예수 그리스도가 인간 세상에 태어났듯 태초 이전에 예수님을 있게 한 분은 하나님과 성령님이 함께하셨습니다.

하나님의 거룩함을 빼닮은 예수 그리스도를 어호와 하나님은 끔찍이도 아끼고 사랑하셨습니다.

우리는 하나님이 아끼고 사랑하는 예수 그리스도께 은혜를 입게 되었습니다. 주님께 진심으로 감사해야 합니다.

하나님이여 주께서 우리를 시험하시되 우리를 단련하시기를 은을 단련
함 같이 하셨으며
우리를 끌어 그물에 걸리게 하시며 어려운 짐을 우리 허리에 매어 두셨
으며

우리는 하나님이 개개인마다 일대일로 바라보시며 자세히 알고 계시고
우리의 연약함 또한 아시고 이를 단련하게 하려 시험하시며 유혹도 하시
니 물고기와 같이 그물에 걸리기도 하고 우리의 머리로는 이해할 수 없는
짐을 우리 허리에 매어 두셨습니다.

그러므로 큰 환란으로 인한 연단 또한 기쁘게 받아야 합니다. 물론 정신
이 혼미해지고 앞날이 캄캄하게 되지만 주님을 붙들면 됩니다.

손을 내밀어 그분의 손을 잡으면 됩니다.

성경에는 피투성이라도 살아만 있으라 하셨습니다.

저 역시 연단의 고통 속에 수차례 있어 왔습니다.

연단은 축복이며 그 축복이 임하는 사람들이 많아지기를 원합니다.

연단의 불 속에서 나올 때 성경말씀대로 나약함이 강건해졌다는 것을
알 수 있습니다.

육신의 고통이 있는 하나님의 연단을 기뻐하여야 합니다.

여호와여 보시옵소서 내가 환난을 당하여 나의 애를 다 태우고 나의 마
음이 상하오니 나의 반역이 심히 큼이니이다 밖에서는 칼이 내 아들을
빼앗아 가고 집 안에서는 죽음 같은 것이 있나이다

여호와를 향한 반역, 여호와가 나의 주인이 아닌 내가 주인노릇을 하며
내가 마음대로 노략하고 마음대로 칼을 들어 사람을 공격하니 이제 야훼
께서 칼을 들어 아들을 죽이며 죽음의 그림자가 집 안에 들어와 있는 상
황으로 이 말씀을 통하여 알 수 있는 여호와께 반역이란 여호와를 밀어내
고 하나님 자리에 자신이 있는 것을 뜻합니다.

모든 면에서 하나님의 위치에 가 있는 자만한 자들을 심판하는 말씀이
니 항상 여호와를 경외하여 하나님의 사랑을 받고 축복받는 사람이 되어
야 합니다.

그의 대적들이 머리가 되고 그의 원수들이 형통함은 그의 죄가 많으므로 여호와께서 그를 곤고하게 하셨음이라 어린 자녀들이 대적에게 사로잡혔도다

하나님의 백성이 초라하고 뒤처지게 됨은 본문 말씀대로 죄가 많기 때문입니다.

곤고하고 피곤한 것이 영육 간의 죄에서 비롯됨으로 사람은 마음을 돌려 하나님께 향하여 죄 씻음을 받아 그의 대적들을 이기고 원수들의 형통함보다 더욱 형통하게 되어야 합니다. 원수를 이기는 것은 하나님을 향한 기도에서 출발합니다.

> 예수 그리스도의 나심은 이러하니라 그의 어머니 마리아가 요셉과 약
> 혼하고 동거하기 전에 성령으로 잉태된 것이 나타났더니

성령으로 잉태되어 무성생식으로 태어나신 예수님의 출생 사건을 많은 사람들은 믿지 않습니다.

그러나 무성생식은 세포분열에서 일어날 수 있는 가장 아래 단계인 미생물의 번식 과정에서 흔히 볼 수 있는 생식방법입니다.

예수님의 출생은 성령과 마리아의 난자가 필요했습니다.

이것은 기적이라 볼 수 없습니다.

다만 성스러운 탄생입니다.

인간의 성행위에서 난 생물학적 아버지가 없는 탄생입니다.

여호와께서는 생명체의 번식의 기본이 되는 미생물의 무성생식법으로 마리아를 통하여 아들을 잉태시키셨습니다. "스스로 있는 자"라 하신 하나님의 강력한 성령이 인간 마리아의 몸에 임하신 사건입니다.

우리가 과학시대의 인간이라면 예수님의 탄생을 과학과 학문에서 볼 수 있는 현상 중에 축복받은 성스런 탄생의 방법으로 이 세상에 나심을 인정하여야 할 것입니다.

생태계에 가장 첫 번째에 있는 단순하고 원초적인 생식방법을 인간이 겪게 한 신의 섭리이므로 신에게는 불가능한 것이 아닙니다.

인간이 충분히 믿을 수 있는 자연과학의 이야기입니다.

노여움을 한없이 계속하시겠으며 끝까지 품으시겠나이까 하지 아니하
겠느냐 보라 네가 이같이 말하여도 악을 행하여 네 욕심을 이루었느니
라 하시니라

여호와를 주님이라 하면서도 욕심을 위하여 악을 행하는 자들이 있습
니다. 욕심은 악한 것입니다.

사람들은 흔히 "욕심 없는 사람이 어디 있어!"라며 자신들의 욕심으로
하는 행위를 합리화하곤 합니다.

저는 일반적으로 보통 사람에게는 욕심이 아닌 욕구가 있다 말합니다.

욕심은 죄를 낳고 죄가 장성하여 죽음에 이른다는 욕심이라는 씨앗은
인간의 기본욕구와 다른 양상을 띠고 있습니다.

사람은 악을 행하지 않고는 욕심을 이룰 수가 없습니다. 양들은 악인이
되는 길로 가지 말고 의인의 길을 가는 사람이 되어야 합니다. 욕심을 품
는 자는 악인입니다. 그들의 길을 가서는 안 됩니다.

그는 궁핍한 자가 부르짖을 때에 건지며 도움이 없는 가난한 자도 건지며

그는 가난한 자와 궁핍한 자를 불쌍히 여기며 궁핍한 자의 생명을 구원하며

그들의 생명을 압박과 강포에서 구원하리니 그들의 피가 그의 눈앞에서 존귀히 여김을 받으리로다

동양의 한국에는 이런 속담이 있습니다.

"가난은 나라님도 구제할 수 없다."

이런 속담과 충돌하는 왕, 솔로몬이 있습니다.

솔로몬은 시편에 기록된 것과 같이 가난한 자를 돌보며 생명 또한 건지니 여호와의 사랑이 깊은 왕입니다.

사람을 귀하게 여기며 어느 백성이든 평등하게 구원하고 보살피는 왕이었습니다.

그의 다스림은 하나님을 기쁘시게 하였고 하나님의 사랑을 받았습니다.

동서고금에서 유명하면서 하나님이 함께한 왕은 드물 것입니다.

많은 사람들은 자신이 속한 계층에서 사느라 정신이 없습니다. 다른 계층의 사람들을 돌아보거나 올려다보거나 내려다보며 특별한 생각을 거의 하지 않습니다.

그렇지만 하나님을 아는 사람은 때때로 힘든 사람을 돌아보며 남이 모르게 선행하여 하늘에 보화를 쌓는 사람이 되어야 합니다.

내가 날마다 너희와 함께 성전에 있을 때에 내게 손을 대지 아니하였도
다 그러나 이제는 너희 때요 어둠의 권세로다 하시더라

예수께서 공생애의 시작과 그 끝에 이르기까지 하늘의 권세가 예수께
임하여 해치려는 자가 예수께 손댈 수 없었으나 하늘의 뜻대로 공중에 권
세 잡은 자, 곧 사단의 권세가 임하여 예수께 해치는 자의 손이 가까이 왔
음을 말씀하셨습니다.

어처구니없이 예수님께서 어린양으로서 자연스럽게 받아들인 이 죽음
은 마귀의 권세로 예수님을 사형시키게 넘겨준 것입니다. 이 세계의 세상
사람들에게는 안타깝고 황당하기도 하던 예수님의 죽음은 제자들로 인하
여 교회를 세우고 종교의 기반을 닦게 하였습니다.

예수님이 스스로 예루살렘에 들어가심은 유월절에 칼에 맞기를 자처하
심입니다.

세상 사람들이 이를 이해하기란 쉽지 않습니다. 쓴 잔을 피하게 해 달
라는 기도를 하셨지만 예수께서는 자신에게 정해진 선지자들의 예언대로
그대로 따르셨습니다.

피할 수 있어도 하나님의 뜻을 피하지 않았습니다.

우리는 그런 예수님의 십자가를 받아들여야 합니다.

우리들은 두려움이 앞섭니다. 그러나 예수님은 성령님의 감동으로 모
든 것을 받아들였습니다. 인간이었지만 신이기에 사람들을 바라보며 인

간들의 모든 아픔을 받아들이고 돌아가셨습니다.

그 역사적 장면은 잔인하고 가슴 아픈 장면이지만 거룩한 신의 사랑이 인류에게 임한 날입니다.

우리가 예수님을 주님으로 사랑하는 것은 예수님의 사랑에 응답하는 일입니다.

주님을 힘써 사랑해야 합니다.

그리고 악에 대하여 두렵지 않도록 성령께서 함께하는 기도를 병행하며 예수님을 따라야 합니다.

그러므로 내 사랑하는 형제들아 견실하며 흔들리지 말고 항상 주의 일
에 더욱 힘쓰는 자들이 되라 이는 너희 수고가 주 안에서 헛되지 않은
줄 앎이라

주의 일이란 많은 것들이 있습니다. 꼭 종교적인 일만 있지 않습니다. 요셉의 애굽 통치 또한 주께서 함께하신 일이며 다니엘과 그 친구들 역시 주의 일을 하던 자들이었습니다. 세상의 것 같으나 하나님이 다스리는 일 중에 세상에서 역사하는 일들도 또한 많이 있습니다.

주의 일은 헛되지 않으며 세상의 일은 모든 것이 헛되며 헛되고 헛됨을 알아야 합니다. 주의 일인 복음 전파와 같이 세상에서도 주께 속한 일을 기도하는 이가 원하는 대로 주께서 찾아 주실 것이니 우리들은 기도와 간 구로 주 안의 일을 구해야 합니다.

마가복음 14:12-14:21

무교절의 첫날 곧 유월절 양 잡는 날에 제자들이 예수께 여짜오되 우리가 어디로 가서 선생님께서 유월절 음식을 잡수시게 준비하기를 원하시나이까 하매

예수께서 제자 중의 둘을 보내시며 이르시되 성내로 들어가라 그리하면 물 한 동이를 가지고 가는 사람을 만나리니 그를 따라가서

어디든지 그가 들어가는 그 집주인에게 이르되 선생님의 말씀이 내가 내 제자들과 함께 유월절 음식을 먹을 나의 객실이 어디 있느냐 하시더라 하라

그리하면 자리를 펴고 준비한 큰 다락방을 보이리니 거기서 우리를 위하여 준비하라 하시니

제자들이 나가 성내로 들어가서 예수께서 하시던 말씀대로 만나 유월절 음식을 준비하니라

저물매 그 열둘을 데리시고 가서

다 앉아 먹을 때에 예수께서 이르시되 내가 진실로 너희에게 이르노니 너희 중의 한 사람 곧 나와 함께 먹는 자가 나를 팔리라 하신대

그들이 근심하며 하나씩 하나씩 나는 아니지요 하고 말하기 시작하니

그들에게 이르시되 열둘 중의 하나 곧 나와 함께 그릇에 손을 넣는 자니라

인자는 자기에 대하여 기록된 대로 가거니와 인자를 파는 그 사람에게는 화가 있으리로다 그 사람은 차라리 나지 아니하였더라면 자기에게

좋을 뻔하였느니라 하시니라

　예수께서는 제자들이 유월절에 머물 곳과 식사할 곳을 예수께서 원하시는 곳으로 찾으러 질문할 것을 미리 알고 계셨습니다. 예수님께서는 제자들을 하나하나 사랑하셔서 항상 양을 돌보시듯 하시며 야단치실 일이 있으면 넘어가지 않으시며 바로 꾸짖으심으로 마음에 나쁜 것이 자라지 않도록 하셨습니다.

　그럼에도 불구하고 가룟 유다는 돈궤를 맡는 제자로써 사랑과 신임을 주님께 받았음에도 맡는 돈에 대하여 마음과 생각이 깨끗하지 않아 사단이 직접 침입할 수 있었습니다.

　유다는 스승의 몸값을 받기 위해 스승을 팔았습니다.

　예수님을 판 대가로 받은 돈은 노에 한 명 값이었습니다.

　값을 따지는 건 옳지 않지만 예수님을 노예와 같게 보이게 하려고 대제사장들이 그렇게 예수를 경멸하는 값을 매겼습니다.

　예수님과 제자들이 나누는 사랑의 인사까지 스승을 배반하기로 약속된 행위로 사용한 가룟 유다는 비극으로 끝이 났습니다.

　인류 역사상 큰 사건이며 거룩한 희생이던 예수님의 십자가 형벌은 그 온유하신 성품으로 인류의 모든 죄를 감당하셨습니다.

　예수님의 사랑은 숭고한 신의 사랑입니다.

날마다 우리 짐을 지시는 주 곧 우리의 구원이신 하나님을 찬송할지로
다 (셀라)
하나님은 우리에게 구원의 하나님이시라 사망에서 벗어남은 주 여호와
로 말미암거니와
그의 원수들의 머리 곧 죄를 짓고 다니는 자의 정수리는 하나님이 쳐서
깨뜨리시로다

이스라엘의 기록된 바 구원자-하나님-메시아는 예수입니다.

또한 하나님의 백성을 괴롭히는 원수의 머리는 하나님이 쳐서 뇌질환
이 발생하게 하기도 합니다.

우리들은 하나님과 함께하며 우리의 원수를 하나님 손에 맡겨 하나님
이 제거하시도록 하나님을 사랑하며 하나님 오른 팔을 잡고 기도로 함께
걸어야 할 것입니다. 하나님과 함께해야 하나님께서 원수를 없애 주시며
하나님의 말씀을 지키고 실천하는 것이 하나님과 함께함이며 기도하는
삶이야말로 하나님과 함께 걷는 삶을 사는 길입니다.

의인의 기도와 하나님의 양들의 기도와 부르짖음은 하나님의 마음을
울리는 소리입니다.

예수님의 십자가형이 있기 전날 저녁 예수님 품 안에서 "주여 주를 배반
할 자가 누구이니까"라 묻던 한 제자처럼 우리 역시 주님과 친밀하게 지
내야 합니다. 처음 하나님을 찾을 때 소경과도 같아 손으로 더듬으며 하

나님을 찾기도 하지만 하나님은 그 손을 뿌리치지 않으시고 찾는 이의 손을 잡아 주십니다.

우리의 영이 갈급하여 하나님을 찾는 자가 되어야 하나님께서 단비를 주십니다. 성령의 임함은 양들이 기뻐 뛰놀게 하는 일입니다. 성삼위일체를 기뻐하며 사모하는 사람이 되어야 합니다.

창세기 15:16

네 자손은 사대 만에 이 땅으로 돌아오리니 이는 아모리 족속의 죄악이
아직 가득 차지 아니함이니라 하시더니

하나님의 계획은 모든 것이 기한이 있고 그것은 선의 기한과 악의 기한
이며 모든 나라의 악과 선의 기한이 차므로 하나님께서 세상을 움직이며
변화시킴을 알고 기한을 위한 오래 참음의 인내는 인간을 단련시키는 신
의 또 다른 계획임을 알아야 할 것입니다.
　고통스러워도 참고 기도하는 사람이 되어 연단받고 강해진 자가 될 것
입니다.

나 또한 유혹을 그들에게 택하여 주며 그들이 무서워하는 것을 그들에게 임하게 하리니 이는 내가 불러도 대답하는 자가 없으며 내가 말하여도 그들이 듣지 않고 오직 나의 목전에서 악을 행하며 내가 기뻐하지 아니하는 것을 택하였음이라 하시니라

하나님께서는 악령을 부리시기도 하시며 본문 말씀과 같이 사람을 유혹하시기도 하십니다.

그러나 예수께서 귀신을 내쫓자 유대인들은 바알세불(마귀 왕)이 내쫓게 한 것이라며 비난하였습니다.

반대로 하나님이 마귀를 내쫓게 하였다고 의문을 제기한 이는 없었습니다. 성경에는 하나님이 다루시는 악령이 있다 기록돼 있습니다.

예수 그리스도께 다양한 생각들과 말이 있을 법한데 바알세불 이야기만 나왔습니다.

하나님이 친히 하시기도 하셨던 이 샤머니즘 수준과 유사한 귀신을 쫓는 일은 샤머니즘과 유사하지만 분명하게 서로 엄격히 다릅니다.

앞뒤전후 상황을 살펴본 후 하나님의 선하심과 명령이 존재하다면 하나님께서 친히 귀신 쫓는 일하신 것으로 생각할 수 있으며 그런 것이 선행되지 않는다면 샤머니즘으로 생각할 수도 있겠습니다.

신들의 왕 여호와께서 인간에게 말씀하시는 것을 무시하고 하나님 앞에 악을 행하면 사람들이 두려워하는 것을 주서서 따르게 하십니다. 사람

이 두려워하는 것은 여러 가지입니다. 단 두려움의 존재는 귀신도 될 수 있습니다.

두려움을 주는 것이 하나님의 뜻인지 마귀의 뜻인지 분별의 영을 달라고 기도하는 것이 가장 정확한 것입니다. 크리스천은 신의 기적을 분별하고 하나님의 화나심으로 인한 재앙을 구별하여 깨달아 기도하며 세상을 살아가는 사람이 돼야 합니다.

여로보암이 여러 산당과 숫염소 우상과 자기가 만든 송아지 우상을 위하여 친히 제사장들을 세움이라

모세 시대부터 이스라엘은 송아지 우상을 세웠는데 고대인들과 다윗 이후의 사람들은 여호와의 제물을 숭배하는 묘한 버릇이 있었습니다.

송아지, 염소 우상을 바라만 봐도 여호와를 섬길 때보다 자신들이 섬기는 대상의 수준이 낮아졌다 생각이 들 텐데도 하나님은 신들의 왕이라고 스스로 말씀하셨기 때문에 사람이 보통 이상의 인지능력이 있다면 자존심 상해서라도 다른 우상은 숭배하지 못할 것인데도 이스라엘은 수준 낮은 우상을 숭배하며 하나님을 화나게 하였습니다.

크리스천은 신들의 왕이며 가장 높으신 여호와 하나님의 백성이라는 자부심을 가지고 우상들에게 흔들림 없이 살아야 합니다.

진실로 사람의 노여움은 주를 찬송하게 될 것이요 그 남은 노여움은 주
께서 금하시리이다

사람의 노여움은 불의함을 보고 일어남이니 주를 바라보고 주의 공의
로움을 알아 주를 찬송하며 보복하고자 하는 사람의 남은 노여움은 주께
서 금하신다는 말씀입니다.

주께서는 "역전되리라"라는 복음성가와 같이 인내하는 사람을 끝까지
보시고 바로 높이기 위하여 결국에는 뒤엎는 분이십니다.

인간은 작아 하나님의 뜻을 다 헤아리지 못할 때가 많지만 주께서는 결
국 인내하고 참고 기도하는 자에게 승리의 잔을 마시게 하심을 알면 힘을
얻을 수 있습니다.

내가 노래로 하나님의 이름을 찬송하며 감사함으로 하나님을 위대하시
다 하리니
이것이 소 곧 뿔과 굽이 있는 황소를 드림보다 여호와를 더욱 기쁘시게
함이 될 것이라

하나님을 찬양하는 것은 이스라엘이 드리는 제사와 같으니 고대 시대
에 유대교로부터 나온 피 흘림 없는 제사인 기독교의 탄생을 암시하는 구
절이며 오늘날의 예배의 시초가 되는 말씀입니다.

그러나 시간이 흐르며 시대가 바뀌면서 기독교에서 예수님의 보혈을
적합하게 자신의 신앙에 받아들이지 않아 피 흘림의 제사가 필요하게 되
었음을 알아야 합니다. 크리스천 중에 마음이 굳어진 사람들이 많으므로
진정한 예배와 찬양이 힘들어 유대교의 제사가 개신교에 필요해진 시대
에 살아감을 기독교인들이 깨달아야 합니다. 수시로 자신의 마음을 부드
러운 마음으로 유지하게 해 달라고 기도를 해야 함을 알아야 합니다.

피 흘림의 제사는 율법으로써 나쁜 죄를 죽이는 힘이 있습니다.

말세에 마귀는 점점 악한 것을 강력하게 만들고 있고 의로운 사람들과
천사들은 선한 것을 찬란하게 더욱 빛나게 만들기 때문에 악과 선의 양극
화로 인하여 양을 잡는 제사가 필요함을 인지해야 합니다.

경배와 찬양의 예배에 덧붙여 필요한 유대인들의 제사는 지금도 이스
라엘에서 행해지고 있으며 예수께서 하시는 사랑과 용서는 진실히 뉘우
치는 마음과 같은 죄의 재발 방지를 전제로 하신 것이기 때문입니다.

시편 69:28

그들을 생명책에서 지우사 의인들과 함께 기록되지 말게 하소서

악인과 내 원수를 지우게 하는 생명책은 구약 시대에서도 존재하는 것이었습니다. 악인들의 이름이 의인들과 함께 기록되지 않게 해 달라고 시편 저자는 노래하였습니다. 생명책에 대한 말씀은 신약의 예수님 시대에서도 강조되는 말씀으로 악을 행하면 생명책에서 지워질 수 있는 많은 이름들이 적혀 있습니다.

사람이 악을 행하고 회개치 아니하며 날이 갈수록 악의 구심점으로 가까이 가면 그는 시편 저자의 말대로 이름이 지워질 수 있습니다.

회개하고 반복적인 죄를 짓지 말아야 할 것입니다.

날마다 우리 짐을 지시는 주 곧 우리의 구원이신 하나님을 찬송할지로
다 (셀라)

구약 시대에 우리의 짐을 지시는 분은 여호와이셨습니다. 구원하시는
분도 하나님이셨습니다.

신약 시대에 오자 하나님을 대신하는 하나님 외아들 예수님을 하나님
의 형상이라 하셨습니다. 현시대에 예수님은 인류를 구원하시고 짐을 지
시는 분입니다.

예수께서는 자신의 자아보다는 하나님이 하시는 일에 대하여 더 생각
하셨습니다.

어느 시대에 어느 곳을 찾아봐도 예수님과 같은 분은 없습니다. 그분은
소중한 분입니다.

예수께서 하나님의 일을 하시면서 세상에는 예수님으로 인하여 하나님
과 만나는 사람들이 많아졌습니다.

예수님께 감사해야 합니다.

그 제사장들은 내 율법을 범하였으며 나의 성물을 더럽혔으며 거룩함과 속된 것을 구별하지 아니하였으며 부정함과 정한 것을 사람이 구별하게 하지 아니하였으며 그의 눈을 가리어 나의 안식일을 보지 아니하였으므로 내가 그들 가운데에서 더럽힘을 받았느니라

그 가운데에 그 고관들은 음식물을 삼키는 이리 같아서 불의한 이익을 얻으려고 피를 흘려 영혼을 멸하거늘

그 선지자들이 그들을 위하여 회를 칠하고 스스로 허탄한 이상을 보며 거짓 복술을 행하며 여호와가 말하지 아니하였어도 주 여호와께서 이같이 말씀하셨느니라 하였으며

이 땅 백성은 포악하고 강탈을 일삼고 가난하고 궁핍한 자를 압제하고 나그네를 부당하게 학대하였으므로

이스라엘의 제사장들이 그들의 맡겨진 일을 행하지 않고 여호와를 반대하는 행위를 하였으며 세상의 역사를 돌이켜 비교해 보아도 멸망의 역사인 정의를 죽이는 일을 행하여 세상의 비난 또한 피하지 못하였고 예수께서 싫어하시던 회칠한 자를 자청하였고 돈 없는 자를 괴롭히고 스쳐 지나가는 사람들을 학대하며 이는 훗날 이스라엘의 중심에 나치를 학대한 일과 일맥상통합니다. 어떤 것이든 신이 만류하는 죄의 특성을 가지고 있으면 재앙을 불러옵니다. 선지자들은 거짓 말씀을 선포하여 하나님의 진노를 샀습니다.

제사장들이 자신의 일을 하지 않는 것 또한 큰 죄이며 타락이라는 것을 우리는 알아야 합니다.

그들은 태만하여 타락하게 되었습니다.

그리고 고난이 임하였습니다.

하나님을 진노케 하는 비극의 역사가 끝이 나야 합니다.

어떤 사람은 그 지혜와 지식과 재주를 다하여 수고하였어도 그가 얻은
것을 수고하지 아니한 자에게 그의 몫으로 넘겨주리니 이것도 헛된 것이
며 큰 악이로다

내 것으로 수고하여도 다른 사람이 대신 가지며 내 것이 아닌 다른 사람
의 것을 대신 누릴 수 있는 것은 큰 악이라는 무서운 말씀입니다.

보통 다른 종교에서 일어나는 일인데 남에게 이익을 챙기며 빼앗는 주
술문과 주문이 있고 또는 주술을 사용하여 내 자리와 다른 사람의 자리를
바꾸고 자신이 벌 받을 것도 다른 사람이 받게끔 자리를 바꾸는 주술행위
가 요즘에도 심심치 않게 벌어집니다.

하나님께 기도하여 이를 막고 방지하여야 합니다.

기도하지 않으면 인간의 요구대로 악이 흘러가게 둘 때가 많습니다.

살아 계신 공의로운 하나님만이 이를 막아 주시고 우상숭배를 부수게
하십니다.

오직 구원은 성삼위일체를 통해서라는 것을 기억해야 합니다.

여호와께서 나단을 다윗에게 보내시니 그가 다윗에게 가서 그에게 이르

되 한 성읍에 두 사람이 있는데 한 사람은 부하고 한 사람은 가난하니

그 부한 사람은 양과 소가 심히 많으나

가난한 사람은 아무것도 없고 자기가 사서 기르는 작은 암양 새끼 한

마리뿐이라 그 암양 새끼는 그와 그의 자식과 함께 자라며 그가 먹는

것을 먹으며 그의 잔으로 마시며 그의 품에 누우므로 그에게는 딸처럼

되었거늘

어떤 행인이 그 부자에게 오매 부자가 자기에게 온 행인을 위하여 자기

의 양과 소를 아껴 잡지 아니하고 가난한 사람의 양 새끼를 빼앗아다

가 자기에게 온 사람을 위하여 잡았나이다 하니

다윗의 행실에 관한 나단의 비유는 그 가난한 사람의 마음을 대변합니다.

작은 새끼 암양은 귀엽고 연약하여 키우는 사람의 사랑을 독차지하였고

그 사람은 암양이 이뻐서 품속에 두고 같이 자며 각별히 사랑하였습니다.

부자는 특별히 사랑하는 양과 소는 없었습니다.

워낙 가진 재물이 많았기 때문입니다.

그럼에도 불구하고 부자는 가난한 자가 사랑하던 암양을 빼앗아 행인

을 위하여 음식으로 대접하여 가난한 사람의 마음을 아프게 하고 눈물 흘

리게 하였습니다.

부자는 오직 그 양뿐인 사람의 마음에 충격과 슬픔과 애통함을 주었습

니다.

악하디악한 이 부자는 하나님의 징계를 받을 자입니다. 다윗은 한편으로는 그런 자였습니다.

인간은 나약하여 자기가 악을 행한다는 사실을 인지하지 못하고 죄를 짓습니다. 때때로 하나님께서는 이를 깨우쳐 주십니다. 악함이 무엇이었는지를 말씀하십니다. 사랑의 하나님은 인간이 악을 행하는 것을 스스로 경계해야 함을 말씀하십니다.

한 가지 악이라도 악한 것은 많은 선한 것들을 파괴하기 때문입니다.

말씀의 비밀 1

사울이 그의 신하들에게 이르되 나를 위하여 신접한 여인을 찾으라 내
가 그리로 가서 그에게 물으리라 하니 그의 신하들이 그에게 이르되 보
소서 엔돌에 신접한 여인이 있나이다
사울이 다른 옷을 입어 변장하고 두 사람과 함께 갈새 그들이 밤에 그
여인에게 이르러서는 사울이 이르되 청하노니 나를 위하여 신접한 술법
으로 내가 네게 말하는 사람을 불러 올리라 하니

사울은 자신에게 항상 말하여 주던 선지지 사무엘이 죽어 여호와를 직
접 찾았으나 버림받은 사울에게 하나님께서는 응답치 않으셨습니다. 결
국 무당을 찾아가 사무엘을 불러 대답을 듣게 되는데 이 말씀은 하나님의
명령을 높은 곳에서 듣던 자가 버림받으면 무당을 찾는다는 교훈을 얻을
수 있습니다.

하나님께서 떠나시는 일은 그리스도인에게는 최악의 불행입니다. 우리
는 이처럼 버림받지 않고 하나님 안에서 있으려면 하나님이 원하시는 거
룩한 일을 행해야 하고 세상에서 누리는 일은 야훼께서 맡기시지 않았다
면 누릴 수 없다는 것을 알아야 합니다.

불필요한 의문과 욕심은 금물입니다.

사울 왕은 하나님의 거룩한 일을 범하여 버림받았습니다. 선택받지 않
아 자격 없는 자가 거룩한 일을 행하니 그가 가지고 있던 왕의 자리와 생
명까지 빼앗겼습니다.

사울 왕은 교만한 마음으로 그 일을 행하였습니다.

구별된 일과 구별된 자는 맡은 그 일을 충실히 이행해야 하며 다른 사람은 할 수 없습니다.

하나님은 질서와 사람을 쓰임대로 구별하시는 하나님입니다.

각자의 영혼과 육신의 안정을 위해서는 사람을 바라보며 욕심을 갖지 말고 하나님을 믿고 의지해야 합니다.

네 악이 너를 징계하겠고 네 반역이 너를 책망할 것이라 그런즉 네 하나
님 여호와를 버림과 네 속에 나를 경외함이 없는 것이 악이요 고통인 줄
알라 주 만군의 여호와의 말씀이니라

하나님을 믿는 백성에게 "악"이란 여호와를 버리고 경외하지 않는 것입
니다.

마음이 예전같이 부드럽지 않을 때, 딱딱한 돌과 같아지고 아무 느낌도
없을 때, 이것을 경계하고 혹여 이런 것을 느낀다면 회개하여야 합니다.

이런 때에 하나님을 놔 버리면 예수께서 구원의 문으로 하나님과 연결
해 준 첫사랑을 잃게 되고 하나님의 징계를 받습니다.

만일 그렇게 되더라도 마음을 은혜로 가득하게 해 달라고 간절히 기도
해야 합니다.

영성 회복은 회개함과 성령을 갈구함으로 일어납니다.

오직 나 여호와를 버리며 나의 성산을 잊고 갓에게 상을 베풀며 므니에
게 섞은 술을 가득히 붓는 너희여
내가 너희를 칼에 붙일 것인즉 다 구푸리고 죽임을 당하리니 이는 내가
불러도 너희가 대답하지 아니하며 내가 말하여도 듣지 아니하고 나의
눈에 악을 행하였으며 내가 즐겨하지 아니하는 일을 택하였음이니라

여호와의 백성이 여호와를 잊고 야훼께서 불러도 대답하지 않고 침묵
하며 악을 행하는 자는 칼로써 죽임을 당합니다.
주의 백성은 죽어도 주의 것, 살아도 주의 것임을 알고 살아가야 합니다.
이방국가에도 주의 백성들이 존재하므로 어느 곳에 속하든 모든 나라
의 존재하는 주의 백성은 하나님을 진실로 섬기고 믿고 따라야 합니다.

여호와의 손이 짧아 구원하지 못하심도 아니요 귀가 둔하여 듣지 못하심도 아니라

오직 너희 죄악이 너희와 너희 하나님 사이를 갈라놓았고 너희 죄가 그의 얼굴을 가리어서 너희에게서 듣지 않으시게 함이니라

이는 너희 손이 피에, 너희 손가락이 죄악에 더러워졌으며 너희 입술은 거짓을 말하며 너희 혀는 악독을 냄이라

공의대로 소송하는 자도 없고 진실하게 판결하는 자도 없으며 허망한 것을 의뢰하며 거짓을 말하며 악행을 잉태하여 죄악을 낳으며

그러므로 정의가 우리에게서 멀고 공의가 우리에게 미치지 못한즉 우리가 빛을 바라나 어둠뿐이요 밝은 것을 바라나 캄캄한 가운데에 행하므로

하나님은 인간들이 죄로 인하여 하나님과 거리가 생겨 인간의 기도 외에는 다른 요구를 듣지 않게 되신 것을 이스라엘 선지자 이사야를 통해 사람들에게 알게 하셨으며 세상의 법조계의 타락은 세상의 많은 사람들이 소경과 같이 되는 길을 걷게 됨이라고 말씀하셨습니다.

인간 스스로 지혜와 정의와 공의에서 멀어지고 하나님과 멀어져 마음이 심히 불안정하고 불안하며 고난의 삶을 걸어가게 되었습니다. 불행한 삶을 진단 받은 사람들은 낯빛이 어두워졌을 것입니다. 이럴 때는 기도하여 유턴하여 돌아와서 하나님께 다가가야 합니다.

내가 그의 길을 보았은즉 그를 고쳐 줄 것이라 그를 인도하며 그와 그를
슬퍼하는 자들에게 위로를 다시 얻게 하리라

입술의 열매를 창조하는 자 여호와가 말하노라 먼 데 있는 자에게든지
가까운 데 있는 자에게든지 평강이 있을지어다 평강이 있을지어다 내가
그를 고치리라 하셨느니라

그러나 악인은 평온함을 얻지 못하고 그 물이 진흙과 더러운 것을 늘 솟
구쳐 내는 요동하는 바다와 같으니라

내 하나님의 말씀에 악인에게는 평강이 없다 하셨느니라

주께서는 의인인 선택한 자의 길과 그의 모든 것을 고치시기도 하며 마
음에 평강을 주시나 악인에게는 평강이 없다 단언코 말씀하십니다.

악인은 불행한 자입니다.

하나님께서 고쳐 주시지도 않을 뿐더러 마음에 평온도 없고 탈이 많으
며 염려가 많습니다.

의인이라 해도 하나님을 만나기 전에는 악인과 같은 상태에 있을 수 있
습니다.

구덩이에 빠진 양을 비롯한 양들은 사랑의 하나님을 만남을 기뻐하고
하나님을 사랑해야 합니다.

의인이 죽을지라도 마음에 두는 자가 없고 진실한 이들이 거두어 감을
당할지라도 깨닫는 자가 없도다 의인들은 악한 자들 앞에서 불리어가
도다

그들은 평안에 들어갔나니 바른 길로 가는 자들은 그들의 침상에서 편
히 쉬리라

무당의 자식, 간음자와 음녀의 자식들아 너희는 가까이 오라

너희가 누구를 희롱하느냐 누구를 향하여 입을 크게 벌리며 혀를 내미
느냐 너희는 패역의 자식, 거짓의 후손이 아니냐

너희가 상수리나무 사이, 모든 푸른 나무 아래에서 음욕을 피우며 골짜
기 가운데 바위틈에서 자녀를 도살하는도다

의인이 죽으면 필시 하늘에 징조가 보이는데도 마음에 감동이 없는 죽
은 영혼들은 깨닫지 못하였습니다.

의인은 여호와가 주는 평안에 임하였고 무당인 신접한 자의 자식과 간
음하는 자들과 음녀와 탕녀의 자식들이 사람을 희롱하며 음욕을 우상숭
배의 의식으로 베풀며 자식을 죽여 제물로 드린다 하셨습니다.

세상은 악하여졌고 술집은 완전한 음욕의 결정판으로 하나님을 가리고
하나님과 정반대로 가게 되는 장소입니다. 하나님이 싫어하는 것입니다.

술집은 눈을 어둡게 하고 신의 신성함이 진부하게 보이게 눈을 소경으
로 만들며 여호와의 세계를 아무것도 없는 것으로 바라보게 하고 무미건

조하게 느끼게 만드는 곳입니다. 이것을 주의해야 합니다.

성경에 기록된 "술을 마시며 음행하는 곳"은 술집입니다.

서기관들과 바리새인들이 음행 중에 잡힌 여자를 끌고 와서 가운데 세우고

예수께 말하되 선생이여 이 여자가 간음하다가 현장에서 잡혔나이다

모세는 율법에 이러한 여자를 돌로 치라 명하였거니와 선생은 어떻게 말하겠나이까

그들이 이렇게 말함은 고발할 조건을 얻고자 하여 예수를 시험함이러라 예수께서 몸을 굽히사 손가락으로 땅에 쓰시니

그들이 묻기를 마지 아니하는지라 이에 일어나 이르시되 너희 중에 죄 없는 자가 먼저 돌로 치라 하시고

다시 몸을 굽혀 손가락으로 땅에 쓰시니

그들이 이 말씀을 듣고 양심에 가책을 느껴 어른으로 시작하여 젊은이까지 하나씩 하나씩 나가고 오직 예수와 그 가운데 섰는 여자만 남았더라

예수께서 일어나사 여자 외에 아무도 없는 것을 보시고 이르시되 여자여 너를 고발하던 그들이 어디 있느냐 너를 정죄한 자가 없느냐

대답하되 주여 없나이다 예수께서 이르시되 나도 너를 정죄하지 아니하노니 가서 다시는 죄를 범하지 말라 하시니라

이 사건에서 예수께서는 간음죄를 용서함을 말씀하셨는데 아이러니하게도 사회 여러 계층(권력가와 그 밖의 특권 계층)들에 대한 용서는 하지

않으셨습니다.

이런 예수님이 그때 유대인들이 보기에는 앞뒤가 맞지 않는 다고 생각할 것입니다. 그러나 법이란 처한 상황과 죄의 무게에 따라 죄를 사면 받기도 하고 용서 받지 못할 수도 있습니다. 법원에서 재판할 때 무죄라고 판결하는 판결사례가 있다고 무조건 어떤 죄든 무죄 처리되는 게 아니라 죄에 따라 무죄될 수도 있고 무기징역일 수도 벌금형일 수도 있습니다. 예수님의 말씀 선포는 듣는 이마다 다르게 각자 지은 것에 따라 영향을 끼칩니다.

하나님의 백성이고 하나님의 선택한 민족이 이스라엘이기 때문에 예수께서는 자신의 민족인 이스라엘 사람만을 보셨습니다. 혹여 예수께서 잘못하여 십자가에서 죽은 게 아니냐는 생각을 할까 염려하며 십자가의 죽음은, 그것은 단지 법의 논리라는 것을 말합니다.

소크라테스를 죽인 악법처럼 예수님께 적용되는 것이 로마와 이스라엘이 시행하던 십자가 형벌이었습니다.

예수님시대의 세상 법대로 따지면 그분의 죽음은 율법과 관계가 없기도 한 악법이며 한편으로는 율법의 기능과 관계가 있기도 한 성스러운 죽음이기도 합니다. 사형 권한이 없어 예수님에 대한 법의 집행은 로마로 넘어갔기에 율법과 관계가 없으며 율법 안에 사형제도와 관계가 있기도 하기 때문입니다. 빌라도는 로마법을 악하게 집행하여 죄가 있었습니다.

이스라엘 제사장들은 다시 예수님을 민족에게 돌려받아야 함이 전반적인 사회 흐름상 옳았기 때문입니다.

영원부터 만물을 창조하신 하나님 속에 감추어졌던 비밀의 경륜이 어떠한 것을 드러내게 하려 하심이라

이는 이제 교회로 말미암아 하늘에 있는 통치자들과 권세들에게 하나님의 각종 지혜를 알게 하려 하심이니

곧 영원부터 우리 주 그리스도 예수 안에서 예정하신 뜻대로 하신 것이라

"만물을 영원까지 창조하신 하나님 속에 감추어진 비밀의 경륜을 드러내야 하심과 우리 주 예수 그리스도 예수 안에서 영원까지 예정하신 뜻대로 하신 것이라."

성서에는 영원에 대한 개념을 거꾸로 읽어서 이해할 수 있는 부분들도 존재합니다. 거꾸로 보는 이 말씀은 사람의 입장에서 이해를 위하여 읽는 것입니다.

그들에게 이르기를 주 여호와께서 이같이 말씀하시기를 내가 이스라엘 자손을 잡혀간 여러 나라에서 인도하며 그 사방에서 모아서 그 고국 땅으로 돌아가게 하고 그 땅 이스라엘 모든 산에서 그들이 한 나라를 이루어서 한 임금이 모두 다스리게 하리니 그들이 다시는 두 민족이 되지 아니하며 두 나라로 나누이지 아니할지라 그들이 그 우상들과 가증한 물건과 그 모든 죄악으로 더 이상 자신들을 더럽히지 아니하리라 내가 그들을 그 범죄한 모든 처소에서 구원하여 정결하게 한즉 그들은 내 백성이 되고 나는 그들의 하나님이 되리라

내 종 다윗이 그들의 왕이 되리니 그들 모두에게 한 목자가 있을 것이라 그들이 내 규례를 준수하고 내 율례를 지켜 행하며

내가 내 종 야곱에게 준 땅 곧 그의 조상들이 거주하던 땅에 그들이 거주하되 그들과 그들의 자자손손이 영원히 거기에 거주할 것이요 내 종 다윗이 영원히 그들의 왕이 되리라

내가 그들과 화평의 언약을 세워서 영원한 언약이 되게 하고 또 그들을 견고하고 번성하게 하며 내 성소를 그 가운데에 세워서 영원히 이르게 하리니

내 처소가 그들 가운데에 있을 것이며 나는 그들의 하나님이 되고 그들은 내 백성이 되리라

내 성소가 영원토록 그들 가운데에 있으리니 내가 이스라엘을 거룩하게 하는 여호와인 줄을 열국이 알리라 하셨다 하라

이스라엘은 이 과정을 걸으면서 고난을 치르고 있습니다.

하나님이 약속한 이스라엘과 하나님의 성전의 모습은 평화로운 삶을 약속한 하나님의 백성의 나라 모습입니다.

이스라엘이 얼마나 복이 많은 민족인지 세계와 이스라엘이 알아야 합니다.

현재는 이스라엘이 나라를 완전하게 만드는 데 많은 나라들의 바람들과 동맹과 협조가 존재하며 그로 인하여 그들이 하나님을 경외함으로 평화를 얻을 것입니다.

또 새 영을 너희 속에 두고 새 마음을 너희에게 주되 너희 육신에서 굳
은 마음을 제거하고 부드러운 마음을 줄 것이며

하나님은 우리의 영을 새것으로 주시며 마음까지도 새 마음을 주시어
낡고 돌 같은 마음을 없애시고 부드러운 마음으로 새로 갈아 주십니다.
우리가 타락하여 낡고 굳은 심령을 지닐지라도 하나님은 새로운 마음을
주실 수 있습니다. 하나님을 믿고자 하면 그것은 이루어지니 강퍅한 마음
일지라도 믿으면 단단한 돌의 마음을 부수고 새 마음을 주시니 믿고자 하
며 기도하면 믿게 된다는 사실을 알아야 합니다. 영혼의 갈급함으로 인하
여 기도하면 주께서 충족시키십니다. 기도하면 하나님의 역사하심은 빠
르고 강하게 임재합니다.

하나님이여 나를 구원하소서 물들이 내 영혼에까지 흘러 들어왔나이다

나는 설 곳이 없는 깊은 수렁에 빠지며 깊은 물에 들어가니 큰 물이 내게 넘치나이다

내가 부르짖음으로 피곤하여 나의 목이 마르며 나의 하나님을 바라서 나의 눈이 쇠하였나이다

까닭 없이 나를 미워하는 자가 나의 머리털보다 많고 부당하게 나의 원수가 되어 나를 끊으려 하는 자가 강하였으니 내가 빼앗지 아니한 것도 물어 주게 되었나이다

하나님이여 주는 나의 우매함을 아시오니 나의 죄가 주 앞에서 숨김이 없나이다

주 만군의 여호와여 주를 바라는 자들이 나를 인하여 수치를 당하게 하지 마옵소서 이스라엘의 하나님이여 주를 찾는 자가 나로 말미암아 욕을 당하게 하지 마옵소서

내가 주를 위하여 비방을 받았사오니 수치가 나의 얼굴에 덮였나이다

내가 나의 형제에게는 객이 되고 나의 어머니의 자녀에게는 낯선 사람이 되었나이다

주의 집을 위하는 열성이 나를 삼키고 주를 비방하는 비방이 내게 미쳤나이다

내가 곡하고 금식하였더니 그것이 도리어 나의 욕이 되었으며

내가 굵은 베로 내 옷을 삼았더니 내가 그들의 말거리가 되었나이다

성문에 앉은 자가 나를 비난하며 독주에 취한 무리가 나를 두고 노래하나이다

여호와여 나를 반기시는 때에 내가 주께 기도하오니 하나님이여 많은 인자와 구원의 진리로 내게 응답하소서

나를 수렁에서 건지사 빠지지 말게 하시고 나를 미워하는 자에게서와 깊은 물에서 건지소서

큰 물이 나를 휩쓸거나 깊음이 나를 삼키지 못하게 하시며 웅덩이가 내 위에 덮쳐 그것의 입을 닫지 못하게 하소서

여호와여 주의 인자하심이 선하시오니 내게 응답하시며 주의 많은 긍휼에 따라 내게로 돌이키소서

주의 얼굴을 주의 종에게서 숨기지 마소서 내가 환난 중에 있사오니 속히 내게 응답하소서

내 영혼에게 가까이하사 구원하시며 내 원수로 말미암아 나를 속량하소서

주께서 나의 비방과 수치와 능욕을 아시나이다 나의 대적자들이 다 주님 앞에 있나이다

비방이 나의 마음을 상하게 하여 근심이 충만하니 불쌍히 여길 자를 바라나 없고 긍휼히 여길 자를 바라나 찾지 못하였나이다

그들이 쓸개를 나의 음식물로 주며 목마를 때에는 초를 마시게 하였사오니

그들의 밥상이 올무가 되게 하시며 그들의 평안이 덫이 되게 하소서

그들의 눈이 어두워 보지 못하게 하시며 그들의 허리가 항상 떨리게 하소서

주의 분노를 그들의 위에 부으시며 주의 맹렬하신 노가 그들에게 미치게 하소서

그들의 거처가 황폐하게 하시며 그들의 장막에 사는 자가 없게 하소서

무릇 그들이 주께서 치신 자를 핍박하며 주께서 상하게 하신 자의 슬픔을 말하였사오니

그들의 죄악에 죄악을 더하사 주의 공의에 들어오지 못하게 하소서

그들을 생명책에서 지우사 의인들과 함께 기록되지 말게 하소서

오직 나는 가난하고 슬프오니 하나님이여 주의 구원으로 나를 높이소서

내가 노래로 하나님의 이름을 찬송하며 감사함으로 하나님을 위대하시다 하리니

이것이 소 곧 뿔과 굽이 있는 황소를 드림보다 여호와를 더욱 기쁘시게 함이 될 것이라

곤고한 자가 이를 보고 기뻐하나니 하나님을 찾는 너희들아 너희 마음을 소생하게 할지어다

여호와는 궁핍한 자의 소리를 들으시며 자기로 말미암아 갇힌 자를 멸시하지 아니하시나니

천지가 그를 찬송할 것이요 바다와 그 중의 모든 생물도 그리할지로다

하나님이 시온을 구원하시고 유다 성읍들을 건설하시리니 무리가 거기에 살며 소유를 삼으리로다

그의 종들의 후손이 또한 이를 상속하고 그의 이름을 사랑하는 자가 그 중에 살리로다

이 시는 다윗의 시입니다.

시를 읽으면서 몇 해 전의 저를 연상하였습니다.

"내가 빼앗지 않은 것도 물어주게 되었다"라는 구절은 저와 동질감을 갖게 하는 말씀입니다.

어떤 사람이 차용증과 공증을 허위로 쓰게 하여 빚이 있는 것처럼 작성하여 저를 사기죄로 엮으려 하여 법정싸움이 있었습니다. 무죄로 이겼으나 벌금이 나왔고 그자를 알게 된 것을 후회하였습니다.

그 시기에 저는 이 시에 쓰인 다윗의 심정과 비슷하였습니다. 저는 저와 관계를 끊으려 하는 사람들을 봤고 끊어졌습니다.

다윗이 평상시에는 독이 되어 여호와가 반기시는 때에 기도한다 하는 성경 말씀에서 저에게도 특정한 때가 이를 때 "예배하지 말라"라는 메시지를 들은 일을 기억하여 다윗에게 공감하였습니다. 다들 제 탓을 하였고 제 심정을 알아주지 않았으며 신마저 저를 탓하였습니다.

저는 하나님께 용서를 구했습니다. 그리고 억울한 일을 고했습니다.

결국 3년 전 올림푸스 신들이 저로 인하여 전쟁하였는데 저의 결백과 억울한 일이 싸움의 시발점이 됐습니다.

예수께서도 이를 아시고 계셨습니다.

모든 게 엉망이 됐던 그때는 악몽과 늪과도 같았습니다. 하나님이 잡아주지 않았더라면 저는 죽었을 것입니다. 강압수사를 받고 정신적 고통이 있었습니다.

저는 이 경험을 통하여 마침내 성삼위일체를 사랑하게 되었습니다.

7년간의 연단을 통하여 저는 제가 성장했음을 알았습니다. 하나님을 사랑하는 사람은 하나님의 계획을 이해하기도 해야 함을 알립니다.

그 나라의 본 자손들은 바깥 어두운 데 쫓겨나 거기서 울며 이를 갈게
되리라

2020년 영적 전쟁이 심할 때 예수님께서 곁에서 제게 들려주신 메시아
대심판 때의 예수께 반항하는 자들을 끌고 갈 군대들의 함성이 스올에서
울려 퍼짐을 들었고 그 소리가 들리는 그 끝을 바라보았습니다.

예수님의 말씀대로 울며 이를 가는 곳이 죄인들의 종착지였고 지옥 안
의 군대는 죽을 자들을 체포하는 일을 하는 존재라는 것을 알게 하시며
반항하는 인간에 대한 제 마음을 안심시키셨습니다.

저는 그때 악한 일을 행한 자가 신을 속이고 천국에 들어갈까 봐 걱정
하였습니다. 교묘하게 심판을 피해 천국으로 들어가려 할까 봐 걱정했습
니다.

다행히 군대의 함성이 제가 누워 있던 밤에 온 땅을 진동시켜 저는 듣고
믿었습니다.

예수께서 구름 타고 오시는 사실뿐만이 아니라 그 큰 위엄과 크고 높은
힘으로 이 땅에서 죄를 짓고 반항하는 의식 없는 자 이외에 정상인은 모
두가 절하게 만드시는 높은 메시아의 이끌림을 느꼈습니다. 신의 신성함
은 인간이 신을 따를 수 있게 하는 힘입니다.

사람에게 보이려고 그들 앞에서 너희 의를 행하지 않도록 주의하라 그
리하지 아니하면 하늘에 계신 너희 아버지께 상을 받지 못하느니라

그러므로 구제할 때에 외식하는 자가 사람에게서 영광을 받으려고 회
당과 거리에서 하는 것 같이 너희 앞에 나팔을 불지 말라 진실로 너희에
게 이르노니 그들은 자기 상을 이미 받았느니라

너는 구제할 때에 오른손이 하는 것을 왼손이 모르게 하여

네 구제함을 은밀하게 하라 은밀한 중에 보시는 너의 아버지께서 갚으
시리라

예수께서 말씀하시기를 제가 이 땅에 태어난 이유로 세상의 많은 인간
과 나라를 살리기 위함임을 말씀하셨습니다.

얼마 전 세상에 대하여 구상하며 이론적으로나 유사 사례로 여러 나라
들의 부요와 복지에 관하여 완성하여 기뻐하였습니다.

좋은 생각은 무엇이든 하나님의 뜻대로 되길 기도하는 마음입니다. 이
것은 훗날 하나님께로 말미암아 드러날 하나님의 영광이 될 것입니다.

본문대로 사람들이 하나님의 상을 받기 위해서는 사람들이 모를 때 행
해야 여호와께서 상주시기 공의롭다는 것을 알리며 이를 따르는 사람들
은 하나님의 자녀이며 하나님을 따라야 하고 많은 사람들이 하나님을 따
르며 영적 소통이자 호흡인 기도로 은혜를 받아야 합니다.

너는 가서 북을 향하여 이 말을 선포하여 이르라 여호와께서 이르시되 배역한 이스라엘아 돌아오라 나의 노한 얼굴을 너희에게로 향하지 아니하리라 나는 긍휼이 있는 자라 노를 한없이 품지 아니하느니라 여호와의 말씀이니라

하나님의 성품이 나타나 있는 말씀입니다.

이스라엘을 향한 하나님의 말씀이며 한없는 사랑이 있으신 분이므로 떠나간 이스라엘을 보고 그들의 마음을 아시기에, 분명 자신들을 향해 화를 내실 거라는 이스라엘의 마음을 아시기에 화를 한없이 품지 않는다 하시며 백성들을 안심시키셨습니다.

현실적으로 하나님은 전 세계에 퍼진 이스라엘인들도 보시지만 다른 국가의 이방 백성들 또한 하나님의 백성으로 부르시고 이스라엘 백성과 같이 사랑하시고 아끼시는 분입니다. 우리는 하나님의 마음을 알고 하나님을 사랑해야 할 것 입니다.

만일 의인이 그 공의를 떠나 죄악을 행하고 그로 말미암아 죽으면 그 행한 죄악으로 말미암아 죽는 것이요

만일 악인이 그 행한 악을 떠나 정의와 공의를 행하면 그 영혼을 보전하리라

의인이라 해도 공의를 저버리고 죄를 행하면 죽으나 악인이 정의와 공의를 지키면 그가 산다 하였습니다.

그것은 의인과 악인을 구분 짓는 잣대가 영생의 길을 가리키지 않는다는 것을 알 수 있습니다.

악인도 영생을 가질 수 있다는 것을 여호와께서 말씀하십니다. 우리보다 앞서간 하나님 앞에서 피 터지는 전쟁을 하여 거머쥔 의의 면류관의 승자들 중에는 악인도 있을 것입니다.

의로운 자가 악한 일을 행하여 지옥에 떨어지기도 했을 것입니다. 이 세상은 어둡지만 밝은 빛이 종종 비추어 어둠 속에서 행한 일들이 드러나곤 합니다. 의인이 스스로를 보존하고 생존하려면 보통 어둠 속에 있는 악인을 멀리하는 것이 옳습니다.

악인의 함정에 빠져 의인이 악을 행하게 되고 급기야 영생을 잃을 수도 있고 결국 이것은 함정에 빠진 의인의 탓이 될 것입니다. 이를 인지하여 빠르게 기도하고 회개한다면 자신을 지키지만 그렇지 못하면 지옥으로 떨어지니 처음부터 악인을 가까이하는 것을 조심해야 합니다.

그러므로 너희가 어떻게 들을까 스스로 삼가라 누구든지 있는 자는 받

겠고 없는 자는 그 있는 줄로 아는 것까지도 빼앗기리라 하시니라

본문이 가리키는 것은 '믿음'입니다.

믿음이 있는 자는 받겠고 믿음이 없는 자는 있는 줄로 아는 것까지도 빼

앗기리라 하십니다.

믿음은 목숨과도 같은 것입니다.

신을 향한 믿음은 기적을 가능케 하지만 불신은 사망으로 인도하는 길

입니다.

신명기 31:8

그리하면 여호와 그가 네 앞에서 가시며 너와 함께 하사 너를 떠나지 아

니하시며 버리지 아니하시리니 너는 두려워하지 말라 놀라지 말라

여호와께서 하라는 대로 행하고 믿으면 그가 떠나지 않고 버리지 아니

하시리니 믿는 자와 믿음으로 행하는 자는 두려워하지도 놀라지도 말라

는 말씀입니다. 하나님께서는 하나님을 따르는 양들을 사랑하여 목자를

통하여 항상 보호해 주십니다.

하나님의 사랑을 느끼는 사람은 행복합니다.

미련한 자는 자기 행위를 바른 줄로 여기나 지혜로운 자는 권고를 듣느
니라

미련한 자는 당장 분노를 나타내거니와 슬기로운 자는 수욕을 참느니라

미련한 자를 알 수 있는 격언입니다.

미련하면 안하무인이며 귀를 막고 자신이 옳다 여기나 지혜 있는 자는
귀가 얇아 듣는 게 아닌 충고의 권고를 듣습니다. 또한 미련하면 쉽게 화
를 내나 슬기 있는 자는 화를 참습니다. 사람들은 미련한 자가 되지 말고
지혜롭고 슬기로운 자가 되어야 합니다.

미련한 자는 자만합니다. 그래서 자신을 높이는 말만 듣고 아무 말도 듣
지 않습니다.

그런 사람들 곁에서 있으면 우매한 자가 되므로 바른 사람을 사귀는 게
좋습니다.

내가 이 모든 것들을 보고 해 아래에서 행하는 모든 일을 마음에 두고 살핀즉 사람이 사람을 주장하여 해롭게 하는 때가 있도다

그런 후에 내가 본즉 악인들은 장사지낸 바 되어 거룩한 곳을 떠나 그들이 그렇게 행한 성읍 안에서 잊어버린 바 되었으니 이것도 헛되도다

악한 일에 관한 징벌이 속히 실행되지 아니하므로 인생들이 악을 행하는 데에 마음이 담대하도다

죄인은 백 번이나 악을 행하고도 장수하거니와 또한 내가 아노니 하나님을 경외하여 그를 경외하는 자들은 잘 될 것이요

악인은 잘 되지 못하며 장수하지 못하고 그 날이 그림자와 같으리니 이는 하나님을 경외하지 아니함이니라

세상에서 행해지는 헛된 일이 있나니 곧 악인들의 행위에 따라 벌을 받는 의인들도 있고 의인들의 행위에 따라 상을 받는 악인들도 있다는 것이라 내가 이르노니 이것도 헛되도다

하나님 대신 사람이 했다고 사람을 높여 주장하여 결과적으로 인간에게 해롭게 하였던 헛된 일에 대한 말씀을 보면 옛날이나 지금이나 악한 일에 대한 벌의 집행이 빠르게 실행되지 않으므로 악을 행하는 자는 담대히 악을 행합니다.

하나님께서 만드신 세상에 대한 인자하심이 인간들의 생각과 다르고 모든 사람에게 적용되어 속히 죄의 결과가 실행되지 않는 것입니다.

죄인과 악인은 서로 다릅니다.

악인이라 해도 세상 윤리에 입각하여 또는 진리를 듣고 죄짓지 않는 악인이 있고, 의인이라 해도 죄를 지어 죄인이 될 수 있습니다.

그러나 기본적으로 악인은 잘되지 못하며 장수하지 못하며 죄를 의인에게 씌움으로 가중죄가 덧씌워짐으로 결국 멸망합니다. 그러나 먼저 죽었다고 하여 무조건 죄를 지어 죽은 것이라고 할 수 없다고 예수님께서 말씀하신 것을 잊지 말고 경우에 따라 판별을 할 수 있어야 합니다. 분별의 영은 여러 번 강조해도 중요하므로 기도해야 합니다.

네가 네 악을 의지하고 스스로 이르기를 나를 보는 자가 없다 하나니 네
지혜와 네 지식이 너를 유혹하였음이라 네 마음에 이르기를 나뿐이라
나 외에 다른 이가 없다 하였으므로
재앙이 네게 임하리라 그러나 네가 그 근원을 알지 못할 것이며 손해가
네게 이르리라 그러나 이를 물리칠 능력이 없을 것이며 파멸이 홀연히
네게 임하리라 그러나 네가 알지 못할 것이니라

"내가 하나님을 의지하고 나를 보는 자가 많도다 사람들뿐이로다"와 정
면 반대되는 생각으로 어리석은 생각을 하는 이에게 자신의 생각이 이 자
를 죄짓게 유혹하여 재앙이 임하였다 기록된 구절입니다.

죄를 짓도록 안심하게 하는 생각들은 애당초 나와 분리된 존재지만 이
들 또한 인간 속에서 살아가는 생명체처럼 인간의 안에서 속삭이며 인간
을 유혹한다는 것을 말씀하셨습니다. 사단하고는 또 다른 존재입니다.

미생물처럼 인간의 안에 살아 있는 오류투성이 교만의 생물에 감염되
면 사람이 송두리째 몰락합니다.

단지 생각이라 할지라도 주의하고 의심할 줄 알아야 합니다. 생각도 벌
이 내릴 수 있기 때문입니다.

무릇 이방인이 제사하는 것은 귀신에게 하는 것이요 하나님께 제사하는
것이 아니니 나는 너희가 귀신과 교제하는 자가 되기를 원하지 아니하
노라
너희가 주의 잔과 귀신의 잔을 겸하여 마시지 못하고 주의 식탁과 귀신
의 식탁에 겸하여 참여하지 못하리라

귀신들에게 제사하면 사람의 믿음 이라는 사람의 마음의 힘이 귀신에
게 전달되어 귀신이 인간을 지배하는 힘을 얻게 되며 사람이 귀신의 노예
가 되므로 하나님의 자녀가 되지 못하고 귀신에게 끌려다닙니다. 귀신 제
사로 인하여 인간이 가지고 있는 육신의 힘을 귀신이 일부 갖게 되면 귀
신들이 적극적으로 인간 세상에 해를 끼치게 됩니다. 하나님의 사람은 귀
신을 섬기지 않습니다.

드러내려 하지 않고는 숨긴 것이 없고 나타내려 하지 않고는 감추인 것
이 없느니라

애초에 숨긴 것이 아니라면 드러낼 까닭이 없고 감추지 않았다면 나타
내려 할 것이 없다는 말씀입니다.

세상은 항상 창조 섭리대로 흘러가며 특정한 악한 행위에는 대가가 있
습니다.

예수께서는 이 세계와 동떨어진 말씀을 하신 게 아니라 비유로써 말씀
하셨습니다.

여러 비유들은 이 세계와 하나님의 나라와 연관성이 있도록 사용하셨
고 사람들을 가르치셨습니다.

예수께서 3년간 가르치신 것은 분량이 많지 않고 적은 양이 기록되었고
이 말씀들은 살아 있는 생명의 말씀이므로 예수님의 비유말씀을 계속 되
새겨 봐야 합니다.

미래에 있을 메시아의 대심판 이후 예수께서는 또다시 인간을 새로이
가르치실 것입니다. 큰 평안이 임할 그때에는 세상이 낙원의 연장선과도
같을 공간일 것입니다.

우상을 만드는 자는 부끄러움을 당하며 욕을 받아 다 함께 수욕 중에
들어갈 것이로되

우상, 곧 금과 은 등으로 만든 헛된 신들의 형상을 만드는 자는 수치를
당할 것이라 하였습니다.

참된 신이자 신들의 왕 여호와께서는 다른 신들을 지배하십니다.

하나님의 허락 없이는 이들은 움직이지 못합니다.

인간계에 이들이 스스로 나타남과 확증은 하나님만큼 분명하거나 깊거
나 강하지 못합니다.

다른 신을 보았더라도 그는 하나님의 허락이 있어 하나님의 뜻으로 보
게 된 일일 뿐 신들의 세계에서 여호와의 말을 듣지 않고 우기는 신은 가
차 없이 징계를 받습니다.

다른 신들이 주는 힘은 미약하거나 아예 없습니다.

사람은 진정으로 살아 역사하는 신, 하나님을 기억해야 합니다.

내가 그 삼분의 일을 불 가운데에 던져 은 같이 연단하며 금 같이 시험
할 것이라 그들이 내 이름을 부르리니 내가 들을 것이며 나는 말하기를
이는 내 백성이라 할 것이요 그들은 말하기를 여호와는 내 하나님이시
라 하리라

여호와의 연단하심은 예수 그리스도의 증인들을 불로써 연단함과 같습
니다. 연단이 되어 강해진 자는 하나님과 예수님을 그전보다 더욱더 사랑
하며 기쁨의 눈물을 흘리는 사람이 됩니다. 연단은 축복입니다.

우리가 약할 때 강하게 됨은 주님께서 그 약함으로 사람을 연단하여 강
하게 세우시기 때문입니다.

불로써 하는 연단을 감사하게 생각해야 합니다.

예수님이 오시기 전에도 연단은 있어 왔습니다.

여호와께서 하시는 일을 예수께서도 하시니 예수 그리스도는 하나님과
같습니다.

갈릴리 해변에 다니시다가 두 형제 곧 베드로라 하는 시몬과 그의 형제 안드레가 바다에 그물 던지는 것을 보시니 그들은 어부라

말씀하시되 나를 따라오라 내가 너희를 사람을 낚는 어부가 되게 하리라 하시니

예수께서 공생애 시작 전 제자로 정해진 어부들에게 하신 말씀인 "내가 너희를 사람 낚는 어부가 되게 하리라". 이 말씀은 보통 사람들에게 사람이 곧 돈이 되는 이 세상에서 사람은 물고기와 같습니다.

이 세대에 들어와서는 예수님의 시험을 통과한 자에 한하여 사람, 곧 돈을 낚는 자가 될 수 있습니다.

사람에게 지혜가 풍부하여 신의 응답에 지혜로운 대답으로 신을 기쁘게 하면 상이 있습니다.

주님이 주시는 상은 다양합니다.

부를 축적하는 방법은 다양하겠지만 신이 주는 것은 매혹적이며 바릅니다.

하나님을 믿으면 믿을수록 말씀들은 꿀송이와 같이 달며 영적인 생명이 사람 안에 들어와 사람을 행복하게 살게 합니다.

우상을 만드는 자는 다 허망하도다 그들이 원하는 것들은 무익한 것이
거늘 그것들의 증인들은 보지도 못하며 알지도 못하니 그러므로 수치를
당하리라

우상은 헛되며 우상으로 지은 신은, 힘이 없고 무능력하며 인간에게 새
생명을 줄 수 없습니다.

야훼이외의 신들은 야훼께 머리를 조아리며 절을 합니다. 그들은 장막
으로 가려졌고 보이지 않습니다.

하나님이 오랜 시간 인간에게 기적을 보이시고 사랑을 표현하시는데도
우상 숭배하는 것은 하나님의 사랑을 배반하는 신에게 가슴 아픈 죄악입
니다.

우상에 관한 거짓 증인은 거짓을 말하기 때문에 결국 사람들의 야유를
받고 수치를 면하지 못합니다.

하나님에 대하여 말할 때는 사실대로 증언해야 합니다.

너희는 옳은 길에서 떠나 많은 사람을 율법에 거스르게 하는도다 나 만
군의 여호와가 이르노니 너희가 레위의 언약을 깨뜨렸느니라
너희가 내 길을 지키지 아니하고 율법을 행할 때에 사람에게 치우치게
하였으므로 나도 너희로 하여금 모든 백성 앞에서 멸시와 천대를 당하
게 하였느니라 하시니라

이스라엘은 자신들에게도, 이방인에게도 본이 되지 않고 여호와의 율
법을 지키지 않으며 이스라엘의 핵심지파인 레위지파를 쳤습니다. 율법
을 하나님이 아닌 사람의 법으로 지키게 하였기에, 사람에게 치우쳐서 율
법 대신 인간의 법을 지키므로 그들은 모든 사람 앞에서 멸시, 천대를 받
게 하셨습니다.

유대인들은 옛날부터 하나님 앞에서 멸망하려는 징후를 계속하여 보였
습니다.

실제로 멸망 후 다시 모여 나라를 세웠듯이 하나님을 따르면 별일이 없
고 평안하게 될 텐데 그들에게는 악이 자라나 하나님의 법을 지키고 따르
면 되는 간단한 방법을 폐하고 우상을 숭배하며 하나님의 율법을 깨려고
레위를 쳤습니다.

하나님을 섬기는 일을 망가뜨리려고 한 이스라엘은 모든 사람을 당황스
럽게 하고 황당하게 하여 그들 자신들을 모두가 괄시하게 만들었습니다.

옛 이스라엘이 하나님의 사랑을 너무 믿고 부모와도 같은 하나님께 나

쁘게 행동하였습니다.

자신들의 나라의 건국신인 여호와를 그렇게 대할 수는 없습니다. 여러 나라들 중에는 자신들의 신을, 또는 하나님을 받아들인 국가들 사이에서도 그러한 사례가 없습니다.

하나님은 이스라엘에게만 계시기에는 크시기 때문에 온 세계의 신으로 계셔야 자연스럽습니다.

하나님께서 옛날과 달리 온 세계를 다 바라보시고 세상에서 모든 계획을 이루시기에 세상의 많은 사람들이 그로 인하여 구원을 얻습니다.

이스라엘은 여호와께 동조해야 합니다.

내 이름을 멸시하는 제사장들아 나 만군의 여호와가 너희에게 이르기
를 아들은 그 아버지를, 종은 그 주인을 공경하나니 내가 아버지일진대
나를 공경함이 어디 있느냐 내가 주인일진대 나를 두려워함이 어디 있
느냐 하나 너희는 이르기를 우리가 어떻게 주의 이름을 멸시하였나이까
하는도다

너희가 더러운 떡을 나의 제단에 드리고도 말하기를 우리가 어떻게 주
를 더럽게 하였나이까 하는도다 이는 너희가 여호와의 식탁은 경멸히
여길 것이라 말하기 때문이라

만군의 여호와가 이르노라 너희가 눈 먼 희생제물을 바치는 것이 어찌
악하지 아니하며 저는 것, 병든 것을 드리는 것이 어찌 악하지 아니하냐
이제 그것을 너희 총독에게 드려 보라 그가 너를 기뻐하겠으며 너를 받
아 주겠느냐

만군의 여호와가 이르노라 너희는 나 하나님께 은혜를 구하면서 우리
를 불쌍히 여기소서 하여 보라 너희가 이같이 행하였으니 내가 너희 중
하나인들 받겠느냐

만군의 여호와가 이르노라 너희가 내 제단 위에 헛되이 불사르지 못하
게 하기 위하여 너희 중에 성전 문을 닫을 자가 있었으면 좋겠도다 내
가 너희를 기뻐하지 아니하며 너희가 손으로 드리는 것을 받지도 아니
하리라

만군의 여호와가 이르노라 해 뜨는 곳에서부터 해 지는 곳까지의 이방

민족 중에서 내 이름이 크게 될 것이라 각처에서 내 이름을 위하여 분향하며 깨끗한 제물을 드리리니 이는 내 이름이 이방 민족 중에서 크게 될 것임이니라

그러나 너희는 말하기를 여호와의 식탁은 더러워졌고 그 위에 있는 과일 곧 먹을 것은 경멸히 여길 것이라 하여 내 이름을 더럽히는도다

만군의 여호와가 이르노라 너희가 또 말하기를 이 일이 얼마나 번거로운고 하며 코웃음치고 훔친 물건과 저는 것, 병든 것을 가져왔느니라 너희가 이같이 봉헌물을 가져오니 내가 그것을 너희 손에서 받겠느냐 이는 여호와의 말이니라

짐승 떼 가운데에 수컷이 있거늘 그 서원하는 일에 흠 있는 것으로 속여 내게 드리는 자는 저주를 받으리니 나는 큰 임금이요 내 이름은 이방 민족 중에서 두려워하는 것이 됨이니라 만군의 여호와의 말이니라

이스라엘이 여호와 하나님을 뒷방 늙은이 취급하며 인간들도 거의 먹지 않는 것을 제물로 드리고 떡 또한 개들에게 주는 것으로 제물 삼아 여호와를 능멸하였습니다. 하나님은 이스라엘에게 모욕을 받으신 것을 기록하게 하였으며 이를 안 이방민족들이 다른 이유를 들어 이스라엘을 훗날 치게 되었습니다.

이스라엘은 하나님의 권위와 그 높으심을 인정치 않으려 하였고 하나님의 눈을 가리는 것처럼 말하며 신을 조롱하였습니다. 야훼께서는 인자하심이 많으셔서 그럴지라도 이스라엘에게 경고의 말씀을 하셨습니다.

그 후 뉘우치지 않은 그들은 저주받아 죽게 되었고 이 일들을 통하여 사람들은 하나님을 상대로 저주받을 짓을 하지 말아야 함을 알아야 합니다.

이스라엘 역사에는 하나님에 대한 일들이 다양하게 기록돼 있습니다. 여러 가지 일들이 적혀 있으며 하나님을 모욕하면 어찌되는지도 다 알려져 있습니다.

하나님은 깨끗하고 거룩하며 완전한 분이십니다.

이를 부인하고 능멸하면 다 죽게 됩니다.

지옥을 다녀온 크리스천의 어느 간증에는 지옥에서 이루 말할 수 없이 입으로 신을 모욕하는 자가 죄지은 인간들을 지옥의 불길로 집어넣고 있었다 하였습니다. 신을 욕하는 것은 지옥의 불길로 들어가는 지름길이며 지옥으로 안내하는 방법입니다.

사람은 하나님 앞에서 혀를 조심해야 합니다.

하나님께서는 보통 행실을 중요시하시나 입으로도 지은 죄도 가벼이 보시지 않습니다.

이사야 50:4-50:5

주 여호와께서 학자들의 혀를 내게 주사 나로 곤고한 자를 말로 어떻게
도와 줄 줄을 알게 하시고 아침마다 깨우치시되 나의 귀를 깨우치사 학
자들 같이 알아듣게 하시도다
주 여호와께서 나의 귀를 여셨으므로 내가 거역하지도 아니하며 뒤로
물러가지도 아니하며

하나님께서는 인간을 보이지 않는 손으로 창조하셨기에 혀도 바꿔 끼
워서 새로운 능력을 얻게 하고 귀를 열어 주어 많이 공부한 사람같이 만
들어 주기도 하십니다.

이처럼 신기한 경험을 한 사람은 신을 거역하거나 물러서지 않고 하나
님을 바라봅니다. 그는 복을 받았으니 즐거이 하나님을 바라볼 것입니다.

하나님께서 사람을 쓰시고자 할 때 이러한 역사가 나타나니 보통 사람
들은 하나님 뜻대로 그런 자들을 앞에 세우고 하나님의 뜻을 따라야 합
니다.

그러므로 주 여호와께서 이같이 말씀하셨느니라 두로야 내가 너를 대적하여 바다가 그 파도를 굽이치게 함 같이 여러 민족들이 와서 너를 치게 하리니

그들이 두로의 성벽을 무너뜨리며 그 망대를 헐 것이요 나도 티끌을 그 위에서 쓸어버려 맨 바위가 되게 하며

바다 가운데에 그물 치는 곳이 되게 하리니 내가 말하였음이라 주 여호와의 말씀이니라 그가 이방의 노략거리가 될 것이요

들에 있는 그의 딸들은 칼에 죽으리니 그들이 나를 여호와인 줄을 알리라

주 여호와께서 이같이 말씀하셨느니라 내가 왕들 중의 왕 곧 바벨론의 느부갓네살 왕으로 하여금 북쪽에서 말과 병거와 기병과 군대와 백성의 큰 무리를 거느리고 와서 두로를 치게 할 때에

그가 들에 있는 너의 딸들을 칼로 죽이고 너를 치려고 사다리를 세우며 토성을 쌓으며 방패를 갖출 것이며

공성퇴를 가지고 네 성을 치며 도끼로 망대를 찍을 것이며

말이 많으므로 그 티끌이 너를 가릴 것이며 사람이 무너진 성 구멍으로 들어가는 것 같이 그가 네 성문으로 들어갈 때에 그 기병과 수레와 병거의 소리로 말미암아 네 성곽이 진동할 것이며

그가 그 말굽으로 네 모든 거리를 밟을 것이며 칼로 네 백성을 죽일 것이며 네 견고한 석상을 땅에 엎드러뜨릴 것이며

네 재물을 빼앗을 것이며 네가 무역한 것을 노략할 것이며 네 성을 헐 것

이며 네가 기뻐하는 집을 무너뜨릴 것이며 또 네 돌들과 네 재목과 네 흙을 다 물 가운데에 던질 것이라

내가 네 노래 소리를 그치게 하며 네 수금 소리를 다시 들리지 않게 하고

너를 맨 바위가 되게 한즉 네가 그물 말리는 곳이 되고 다시는 건축되지 못하리니 나 여호와가 말하였음이니라 주 여호와의 말씀이니라

두로에 대한 하나님의 말씀은 모든 것이 헐리고 파괴되어 멸망하며 매장되는 말씀입니다.

하나하나 가진 것이 파괴되고 생명 또한 죽어 가는 과정을 설명하고 있습니다.

여호와께서는 멸망시킬 때 소돔과 고모라처럼 한 번에 죽이시기도 하시고 차례차례 하나씩 죽이기도 하십니다. 여호와께서 멸망당할 자들이 여호와를 알게 하시려고 하실 때는 멸망시키는 방법이 다릅니다.

하나님은 아무것도 놓치시는 법이 없으시며 왕이라도 징계하여 깨닫게 하시며 깨닫지 않으면 멸망시키시기도 하십니다. 두로는 회개하지 않았습니다.

그들은 악합니다. 그래서 하나님이 멸망시키기로 하였습니다. 사람들은 이를 경계로 삼아야 합니다.

마가복음 5:25-5:30

열두 해를 혈루증으로 앓아 온 한 여자가 있어

많은 의사에게 많은 괴로움을 받았고 가진 것도 다 허비하였으되 아무

효험이 없고 도리어 더 중하여졌던 차에

예수의 소문을 듣고 무리 가운데 끼어 뒤로 와서 그의 옷에 손을 대니

이는 내가 그의 옷에만 손을 대어도 구원을 받으리라 생각함일러라

이에 그의 혈루 근원이 곧 마르매 병이 나은 줄을 몸에 깨달으니라

예수께서 그 능력이 자기에게서 나간 줄을 곧 스스로 아시고 무리 가운

데서 돌이켜 말씀하시되 누가 내 옷에 손을 대었느냐 하시니

본문의 혈루증은 중한 질병입니다.

예수께서 가지신 기적의 힘은 신의 권능을 나타내시지만 기적을 보이
시는 일은 노동과도 같아 하루 종일 일하셨으므로 체력이 빨리 소진되시
어 식사를 거르지 않고 잘 드셔야 했을 것입니다.

중한질병을 가진 여자가 예수님께 손을 대니 예수님 자신이 일을 행하
지 않았는데 체력의 소모됨을 느끼시었고 그 옷을 잡은 여자는 병 고치는
일이 큰 능력을 행하는 것이라 예수님이 갑자기 힘이 빠지면 주께서 화를
낼까 스스로 짐작하여 일단 옷에 손을 대고 나서 두려워하였습니다.

기적은 실생활에 쉽게 일어나는 일이 아니기에 에너지의 소모가 많습
니다.

그렇지만 온유하신 예수께서는 화를 내지 않으시고 여자의 믿음을 중

하게 보시었습니다.

예수님은 이처럼 대부분의 믿는 자들에게 따뜻한 사랑을 주신 분입니다. 사랑이 제일이라는 예수님의 계명은 사랑이 모든 것을 위대하게 만들기 때문입니다.

다시 너희에게 말하노니 낙타가 바늘귀로 들어가는 것이 부자가 하나
님의 나라에 들어가는 것보다 쉬우니라 하시니

낙타와 부자는 연관이 있습니다.

낙타의 긴 속눈썹은 우아해 보이려는 부자의 모습과 같고 낙타 등의 혹
은 부자의 모아 둔 돈을 상징하며, 긴 다리 또한 부자가 이리저리 피하며
다니는 다리와 같고 낙타의 침 뱉는 것 또한 부자가 기분이 나빠졌을 때
욕설을 하는 것과 같습니다. 낙타를 부자와 비슷한 동물로서 비유하셨습
니다. 모든 부자에 대한 얘기가 아니라 보편적인 부자를 두고 말씀하신
것입니다.

부자의 영혼은 천국에 가기에 많은 어려움이 있지만 때로는 최후에 모
든 부를 내려놓고 천국에 들어가는 사람도 있습니다.

가난한 자를 삼키며 땅의 힘없는 자를 망하게 하려는 자들아 이 말을 들으라

너희가 이르기를 월삭이 언제 지나서 우리가 곡식을 팔며 안식일이 언제 지나서 우리가 밀을 내게 할꼬 에바를 작게 하고 세겔을 크게 하여 거짓 저울로 속이며

은으로 힘없는 자를 사며 신 한 켤레로 가난한 자를 사며 찌꺼기 밀을 팔자 하는도다

여호와께서 진노하심은 가난한 자와 힘없는 자들을 돈이 없다고 그 가치를 낮게 책정한 뒤 속이는 저울로 헐값에 사고파는 자들에게 있습니다.

약한 자들을 망하게 하고 죽음으로 몰아가려고 사람을 죽이는 일을 하는 악의 끝을 행하는 자들을 여호와께서는 진노하십니다.

약한 자와 가난한 자는 하나님의 사랑을 받는 유약해 보이는 새끼 양과도 같습니다.

약한 자를 사랑으로 대하여 하나님께 책망 받을 일을 하지 말아야 합니다.

어리석음을 버리고 생명을 얻으라 명철의 길을 행하라 하느니라

생명과 영생의 이야기는 구약시대부터 비롯되었고 예수께서는 이것을 강조하시며 믿으라 하셨습니다.

구약시대에는 사람에게 구원의 길인 명철의 길을 행하라 하셨고 신약시대의 예수께서는 사람들이 듣긴 했으나 잘 모르고 있던 영생의 길을 믿음으로 얻을 수 있음을 자세히 말씀 하셨습니다. 그렇지만 모두 명철의 길을 갈 수는 없습니다. 인간의 다양성과 질그릇의 다양한 쓰임새를 고려하여 구체적인 생명의 길로 가는 방법을 기록한 것이 신약 성경입니다.

예수님은 흠 없고 완전한 복음을 가르치셨습니다.

주님을 믿고 의지하고 기도하면 마음에 원하는 것이 이루어집니다.

이사야 41:17

가련하고 가난한 자가 물을 구하되 물이 없어서 갈증으로 그들의 혀가 마를 때에 나 여호와가 그들에게 응답하겠고 나 이스라엘의 하나님이 그들을 버리지 아니할 것이라

가련하며 가난한 자들을 항상 보시고 계시는 하나님 앞에서 그들을 학대함은 죄를 짓는 것입니다.

가련하고 가난한 자들은 부자들에게 하나님의 시험의 대상이며 축복의 통로라는 사실을 잊어서는 안 될 것입니다.

말씀의 비밀 1

또 네게서 태어날 자손 중에서 몇이 사로잡혀 바벨론 왕궁의 환관이 되
리라 하셨나이다 하니

성경에는 훗날 태어날 자손에 대한 예언도 기록돼 있는데 이런 말씀을
보면 태어날 자손의 미래도 미리 계획하신 하나님이라는 사실을 알 수 있
습니다.

우리들 역시 조상들이 예언을 듣지 않았을 뿐 우리의 미래도 하나님의
계획하심으로 이루어지고 있다는 사실을 알아야 합니다.

조상들이 죄를 지음으로 자손이 출생하여 바빌론의 환관이 될 운명을
가진 자는 괴로울 것입니다.

자손이 행복하려면 나 스스로 죄짓지 말고 안전한 삶으로 자손을 위한
미래를 만들어 가야 합니다.

하나님은 나와 내 자손들의 아버지시며 우리의 치부와 자랑, 뭐든 알고
계시며 바라보시는 분이십니다.

무조건적인 사랑은 이 땅의 아버지들이 주기에는 한계가 있습니다. 성
경말씀에는 여호와께서는 진실된 아버지라 기록되어 있습니다.

"너희는 너희 아비의 행사를 하는도다 대답하되 우리가 음란한데서 나
지 아니하였고 아버지는 한 분뿐이시니 곧 하나님이시로다"(요한복음 8:
41)

자손이 고된 삶을 살아야 하는 자라면 하나님께 기도하고 경건하게 자

손의 미래를 준비하는 삶을 살아야 할 것입니다.

그것은 육신의 아버지와 조상이 자식과 자손들을 위하는 최대한의 노력이 될 것입니다.

너희를 위하여 보물을 땅에 쌓아 두지 말라 거기는 좀과 동록이 해하며

도둑이 구멍을 뚫고 도둑질하느니라

오직 너희를 위하여 보물을 하늘에 쌓아 두라 거기는 좀이나 동록이 해

하지 못하며 도둑이 구멍을 뚫지도 못하고 도둑질도 못하느니라

네 보물 있는 그 곳에는 네 마음도 있느니라

하나님이 개개인의 보물을 보관하시는 곳에 보화를 쌓아 두면 그 누구도 가져갈 수 없습니다.

머리에 든 지식의 보물 또한 인간이 가져갈 수 있습니다. 많이 안다고 똑똑하다고 자만하면 신께서 머릿속의 지식을 지우시거나 또는 가져가실 수 있습니다.

이 땅의 비밀금고에 보물을 둔다면 그도 성경 말씀과 같이 도둑맞거나 빼앗길 수 있습니다.

하나님께로 마음을 두어 하나님만을 의지하고 하나님께 보물을 맡기는 사람이 돼야 갖고 싶은 것을 차곡차곡 가질 수 있는 사람이 됩니다.

사람에게 보이려고 그들 앞에서 너희 의를 행하지 않도록 주의하라 그리하지 아니하면 하늘에 계신 너희 아버지께 상을 받지 못하느니라

사람에게 보이는 의는 아무리 많이 행하여도 여호와의 상으로 인한 기쁨이 없어 사람에게 과시한 후 스스로 자만함만 생길 것입니다.

사람이 주는 상은 잘났다고 인정해 주는 것이기에 사람 앞에서 의를 계속 행할수록 자만함이 생길 것입니다.

사람 몰래 의를 행하는 자는 은밀히 보시는 하나님의 칭찬으로 인하여 마음속이 기쁨이 생기고 찬양하는 마음이 생길 것입니다. 이러한 차이로 인하여 사람은 현명하게 선택하여 행동해야 합니다.

심령이 가난한 자는 복이 있나니 천국이 그들의 것임이요

애통하는 자는 복이 있나니 그들이 위로를 받을 것임이요

온유한 자는 복이 있나니 그들이 땅을 기업으로 받을 것임이요

의에 주리고 목마른 자는 복이 있나니 그들이 배부를 것임이요

긍휼히 여기는 자는 복이 있나니 그들이 긍휼히 여김을 받을 것임이요

마음이 청결한 자는 복이 있나니 그들이 하나님을 볼 것임이요

화평하게 하는 자는 복이 있나니 그들이 하나님의 아들이라 일컬음을
받을 것임이요

의를 위하여 박해를 받은 자는 복이 있나니 천국이 그들의 것임이라

가난한 자와 애통하는 자 온유한 자, 의에 주리고 목마른 자, 긍휼이 여기는 자, 마음이 청결한 자와 화평케 하는 자, 의를 위하여 박해를 받은 자 이들에게 복이 있고 자기가 행한 대로 대우를 받음은 의를 실천함으로 여호와를 부르짖어 원하는 것을 이루는 힘이 강하기 때문입니다.

상대적으로 이들은 다른 자들보다 육의 에너지가 약하지만 그 연약함에서 나오는 빈 공백은 여호와께서 채워 주서서 일반사람보다 강력한 힘을 가지게 됩니다.

이들은 복도 많고 행복합니다. 예수님의 진리의 말씀은 언제나 옳다는 것을 잊지 말아야 합니다.

여호와가 그들에게 두렵게 되어서 세상의 모든 신을 쇠약하게 하리니
이방의 모든 해변 사람들이 각각 자기 처소에서 여호와께 경배하리라

세상의 모든 신은 여호와로 인해 쇠약하므로 힘을 발휘할 수 없습니다.
모압과 암몬 자손은 여호와를 두려워하게 되었습니다. 여호와께서는 신
들을 약하게 만들 수 있는 신들의 왕입니다.

그분의 세계는 온 백성이 경배하는 것도 턱없이 모자랍니다. 그로 인하
여 인간의 부족함을 아시는 하나님은 항상 내리사랑으로 인간을 불쌍히
보십니다.

그렇기에 모든 인간이 끓어 엎드려 주님께 영광을 돌려야 할 것입니다.
그래야 하나님께 순종하는 사람은 복이 있습니다.

그때에 내가 예루살렘에서 찌꺼기 같이 가라앉아서 마음속에 스스로
이르기를 여호와께서는 복도 내리지 아니하시며 화도 내리지 아니하시
리라 하는 자를 등불로 두루 찾아 벌하리니

본문은 하나님을 나무토막 같은 신으로 말하는 자들을 멸하시는 말씀
입니다. 복도, 화도 없다면 그것은 신이 아닌 것입니다. 하나님은 두루 살
피시며 하나님을 비웃는 자들을 벌하십니다.

이스라엘 흑역사를 읽으며 하나님 사랑이 흘러넘쳐서 이스라엘이 하나
님 앞에 무뎌졌다 생각이 드는 상황이 있습니다.

신의 사랑은 크기 때문에 인간이 다 느끼지 못하고 결국 과함으로 인하
여 무감각해지는 것입니다.

인간 하나가 신을 마음에 담았을 때 신을 얼마나 담을 수 있을지는 모르
나 그 작은 마음이 신을 감동시킬 수는 있습니다. 그러나 신을 자신의 마
음의 크기로 완전히 담을 수는 없습니다.

신이 완전한 사랑으로 인간을 품을 수는 있지만 인간은 신을 그렇게 안
을 수가 없습니다. 인간은 한없이 작기 때문입니다. 그러므로 하나님의
무한한 사랑에 항상 감사해야 합니다. 입으로 시인하며 마음으로 감사해
야 합니다.

비록 무화과나무가 무성하지 못하며 포도나무에 열매가 없으며 감람나
무에 소출이 없으며 밭에 먹을 것이 없으며 우리에 양이 없으며 외양간
에 소가 없을지라도
나는 여호와로 말미암아 즐거워하며 나의 구원의 하나님으로 말미암
아 기뻐하리로다

누군가 열매를 다 따서 아무것도 거둘 수 없더라도 하나님으로 말미암
아 즐거워하고 하나님을 찬양하는 것은, 무형의 보이지 않는 하나님을 기
뻐하고 사랑하는 것은, 자연의 순리를 거스르는 시련이 와도 감사하고 사
랑하는 것은, 난이도가 높은 연단의 과정입니다.

예수님께 한 무화과나무는 저주를 받았습니다.

열매를 내지 않는 것은 악하기 때문입니다.

이와 본문 말씀의 경우가 다른 것은 본문의 열매 없음은 주께서 시험하
심으로 인한 현상이기 때문입니다.

열매가 없는 것도 외양간에 없는 소라도 그것들보다 하나님을 사랑하
고 즐거워하기를 하나님은 바라십니다.

그래야 하나님이 복을 주시며 사랑하시기 때문입니다.

그동안에 무리 수만 명이 모여 서로 밟힐 만큼 되었더니 예수께서 먼저
제자들에게 말씀하여 이르시되 바리새인들의 누룩 곧 외식을 주의하라

누룩은 빵을 부드럽게 만들고 부풀게 하는 것으로 순수한 빵을 부풀리
듯, 우리의 순수한 심령을 변질되게 하여 부풀게 하고 악한 영에게 강해야
함에도 부드럽고 유약하게 만들어 마귀 밥이 되게 하는 것을 뜻합니다.

겉으로만 꾸미는 외식 또한 예수께서 말씀하신 회칠한 무덤과 같으니
가식의 가증스러움을 경계해야 합니다.

주께서 우리로 하여금 이웃에게 욕을 당하게 하시니 그들이 우리를 둘러싸고 조소하고 조롱하나이다

주께서 우리를 뭇 백성 중에 이야깃거리가 되게 하시며 민족 중에서 머리 흔듦을 당하게 하셨나이다

나의 능욕이 종일 내 앞에 있으며 수치가 내 얼굴을 덮었으니

나를 비방하고 욕하는 소리 때문이요 나의 원수와 나의 복수자 때문이니이다

이 모든 일이 우리에게 임하였으나 우리가 주를 잊지 아니하며 주의 언약을 어기지 아니하였나이다

우리의 마음은 위축되지 아니하고 우리 걸음도 주의 길을 떠나지 아니하였으나

주께서 우리를 승냥이의 처소에 밀어 넣으시고 우리를 사망의 그늘로 덮으셨나이다

우리가 우리 하나님의 이름을 잊어버렸거나 우리 손을 이방 신에게 향하여 폈더면

하나님이 이를 알아내지 아니하셨으리이까 무릇 주는 마음의 비밀을 아시나이다

우리가 종일 주를 위하여 죽임을 당하게 되며 도살할 양 같이 여김을 받았나이다

주여 깨소서 어찌하여 주무시나이까 일어나시고 우리를 영원히 버리지

마소서

이 말씀은 예수 그리스도의 죄 없으심과 그리스도의 죽음이 가까이 다가왔을 때 하나님께 기도하시던 것의 연장선에 있는 것으로 예수님의 마음과 흡사합니다.

예수님이 아무리 하나님의 형상이었어도 예수님은 독립된 인격체이므로 죽음과 고난에 대한 두려움이 마음에 있었습니다. 그 공포심과 억울하심의 반면에 인류를 사랑하는 마음인 큰 사랑의 마음으로 죽음의 고통을 삼키신 예수 그리스도는 신의 사랑을 실천한 분입니다.

예수님이 어떤 고뇌를 겪었던지 사람들은 그분의 존재를 당연시 여기며 주님을 높여야 합니다. 예수님께 죽음이 오기 전 예수께서는 인간이셨으므로 과거 그분의 인간적인 마음을 읽는다는 것은 예수께 동조자요, 주를 위해 애쓸 동역자가 많아짐을 의미합니다.

주께서 우리를 잡아먹힐 양처럼 그들에게 넘겨주시고 여러 민족 중에
우리를 흩으셨나이다
주께서 주의 백성을 헐값으로 파심이여 그들을 판 값으로 이익을 얻지
못하셨나이다

주께 범죄하여 양들이 흩어지고 여우와 늑대 사자등 양을 잡아먹는 무
리에게 양을 보내 주께서 주의 백성을 파시나 이익을 얻지 못하셨음은 가
룟 유다가 스승인 이수님을 노에 한 명 값으로 값을 싸게 매겨 팔아 버린
것을 연상하게 합니다. 죄의 결과물이지만 예수님은 죄 없이 팔리셨습니
다. 이스라엘과 예수님의 다른 점입니다.

이러한 서로 다른 상황에서 오는 유사성을 띤 연상말씀은 이스라엘과
하나님의 관계가 예수께서 이 땅에 오셨을 때도 변하지 않았고 비슷한 모
습이었음을 알게 합니다.

예수님을 헐값에 팔아넘김으로 인하여 죄가 없으셨기에 예수님이 식민
지였던 이스라엘이 팔려갈 죄를 대신 지고 가셨습니다.

예수님을 믿던 양 떼도 예수님이 십자가에 달려 돌아가실 때 뿔뿔이 흩
어졌습니다.

이스라엘의 죄는 고대에도 있었고 예수님이 계실 때에도 있었습니다.

메시아의 출현을 이스라엘은 간절히 원했으니 막상 나타나니 믿지 않
았습니다.

예수님은 부활 후 완전한 신이 되어 하늘로 승천하셔서 떠나가셨습니다.

그 후 기독교가 세워졌고 예수님 시대에는 예수님을 팔아서 이스라엘 대신 죽게 하여 이스라엘이 큰 화를 면하였습니다. 그러나 이스라엘의 고통은 오랜 시간 지속되었습니다. 예수께서 이스라엘 대신 죽었으나 이스라엘에 남아 있는 무죄한 피 값의 대가를 치를 수밖에 없기 때문입니다.

하나님을 사람의 죄에 대하여 정확하게 보시기 때문에 이를 알고 하나님을 믿어야 합니다.

내 하나님이여 내 영혼이 내 속에서 낙심이 되므로 내가 요단 땅과 헤르몬과 미살 산에서 주를 기억하나이다

주의 폭포 소리에 깊은 바다가 서로 부르며 주의 모든 파도와 물결이 나를 휩쓸었나이다

낮에는 여호와께서 그의 인자하심을 베푸시고 밤에는 그의 찬송이 내게 있어 생명의 하나님께 기도하리로다

내 반석이신 하나님께 말하기를 어찌하여 나를 잊으셨나이까 내가 어찌하여 원수의 압제로 말미암아 슬프게 다니나이까 하리로다

내 뼈를 찌르는 칼 같이 내 대적이 나를 비방하여 늘 내게 말하기를 네 하나님이 어디 있느냐 하도다

저자는 원수가 쫓고 있으나 하나님께서 함께하시는 자로 멈추지 않은 핍박 속에 마음에 낙심이 됐다가 이를 곁에서 위로하시는 하나님으로 인하여 하나님을 기억하게 되었습니다. 산에서 폭포 소리를 듣고 바다를 보며 깊고 큰 물결이 그를 사로잡았습니다.

하나님이 인자하심을 베풀어 그를 안심하게 하나 그의 신앙을 공격하는 원수들을 하나님께 아룁니다.

원수와 적이 하는 소리가 너의 하나님이 어디 있느냐고 비웃으며 압제하고 있다며 하소연합니다.

하나님은 그 인자하심이 악인에게도 있으시고 그 마음이 우주보다 넓

고 크시니 곧 악인에게도 태양이 빛을 비춰 주는 것과 같습니다.

그러나 의인을 괴롭게 하면 의인이 눈물로 부르짖으므로 하나님이 이를 들으시고 악인과 그의 원수를 치십니다.

하나님께서 함께하시는 자는 원수가 자멸하는 상황을 겪습니다. 고난이 있어 괴롭다고 원수를 원망하고 하나님을 찾지 않으면 핍박이 계속되니 하나님을 믿는 사람은 하나님을 찾는 기도와 부르짖음을 통하여 원수를 무너뜨림으로 삶 속에서 승리해야 할 것입니다.

시편 42:3

사람들이 종일 내게 하는 말이 네 하나님이 어디 있느뇨 하오니 내 눈물
이 주야로 내 음식이 되었도다

하나님을 믿는 사람에게 하나님이 어디 있냐 반문하니 서럽고 나만 아
는 하나님이 그리워서 눈물로 하루를 보내는 사람의 말입니다.

요즘은 하나님에 관하여 그렇게 묻는 사람은 무례한 말이므로 그렇게
묻는 사람은 많지 않지만 믿는 자에게 방패이자 피난처인 하나님을 보이
라고 조롱하는 자들로 인하여 그리스도인은 눈물이 흐르는 것은 막을 수
없습니다. 하나님께 울며 떼를 쓰기도 하고 하나님께 자신의 기도가 닿게
하려고 몸과 마음을 다하여 하나님을 찾기도 합니다.

하나님께서는 기도하며 낙심한 자를 위로하여 주시고 눈물을 마르게
하시니 하나님이 은혜를 베푸시는 다음 날 낙심한 자의 영은 기쁜 마음이
됩니다. 열세에 몰리던 자가 하나님을 믿고 있어 사람들이 비웃어도 하나
님의 존재하심과 사랑은 믿는 자를 구원하며 비웃는 자를 조롱당하게 하
신다는 것을 격언처럼 기억해야 합니다.

가난한 자를 보살피는 자에게 복이 있음이여 재앙의 날에 여호와께서
그를 건지시리로다

가난한 자를 도우면 하나님 앞에 그 도운 자가 자신의 재앙에 자신이 도
왔던 가난한 자와 같이 되어 도움의 손길을 구하는 그에게 하나님께서 손
을 내어 주십니다.

사람이 가난한 자를 먼저 사랑하고 사랑을 줄 때 하나님께서 사랑의 마
음을 주십니다.

사랑받을 자는 주님이 어떻게 사랑을 주시는지 먼저 알아야 합니다. 여
호와께서는 가난한 자를 보살피는 자를 건지는 부유한 자들을 사랑하십
니다.

여호와여 나의 종말과 연한이 언제까지인지 알게 하사 내가 나의 연약
함을 알게 하소서

사람이 자신의 시작으로부터 자신의 모든 것의 기한들을 알게 되면 모
든 것이 다 헛되며 단지 일생에 주어진 것을 기한 내에 자신이 이루어 내
는 것들이 중요한 일이 됩니다. 자신이 살아 있을 때 할 일이라 생각하기
때문입니다.

욕심이 많은 자는 생명의 기한을 바꾸려고 시도를 하겠지만 그것은 신
의 영역임을 어리석은 인간은 알지 못합니다. 자신의 끝을 알게 되어 아
는 연약함은 주께서 긍휼히 보시는 이유입니다.

사람의 연약함은 하나님의 선함과 통하는 통로입니다.

하나님께 보인 연약한 본성을 선하신 여호와께서 대면하시고 이를 위
로 하시며 강하게 연단하시니 연약함 또한 강인함의 뿌리이자 의의 기반
입니다.

악인이 칼을 빼고 활을 당겨 가난하고 궁핍한 자를 엎드러뜨리며 행위
가 정직한 자를 죽이고자 하나

악인은 가난한 자를 괴롭히는 자들입니다. 가난함을 비웃으며 조롱하
며 그를 긍휼이 여기지 않습니다.

또한 사람 앞에서 정직한 자를 먹잇감으로 노립니다.

정직함은 진실된 사람이라는 것을 뜻하고 정직한 자가 사람들에게 신
용을 얻으니 목숨을 빼앗음으로 그가 가진 신용을 갈취하기 위하여 정직
한 자의 생명을 노리는 자는 악인입니다.

일반적인 악인은 그 행위가 추악하며 그 악함이 도를 넘어서서 행동합
니다. 그래서 하나님은 그러한 자들을 악인으로 영원히 분류하시고 피해
야 할 자임을 권고하시며 멀리하기를 바라십니다.

여호와 앞에 잠잠하고 참고 기다리라 자기 길이 형통하며 악한 꾀를 이
루는 자 때문에 불평하지 말지어다

악한 꾀를 이루는 자는 그 끝이 사망이라 인생이 쉽고 잘 되가는 것처럼
보일 뿐 선한 자는 더딘 듯하여도 하나님이 길을 예비하시며 생명길을 준
비하시고 각 사람마다 다르게 준비시키니 이를 기뻐할 줄 알며 때를 기다
려야 합니다.

주님께서 마련한 길은 험한 길을 뚫고 때로는 악을 피해 가니 고생하는
것 같고 오래 걸리는 듯하나 그 끝에는 천국과 영생과 축복이 기다리고
있음을 알아야 합니다.

잠언 11:31

보라 의인이라도 이 세상에서 보응을 받겠거든 하물며 악인과 죄인이
리요

이 세상은 마귀가 그 권력과 부를 움켜쥐고 자기 것이라 하나 이 또한
하나님의 뜻이며 그 세상 속에서도 하나님 아래에 있는 마귀는 하나님 뜻
대로 의인 역시 선악의 구별로써 보응받게 하는데 이것은 악인과 죄인 또
한 마찬가지입니다. 상 받는 의인에게는 하나님의 뜻대로 마귀가 부귀영
화를 내줍니다.

세상을 가진 마귀 또한 하나님이 금지한 것은 침범하지 않습니다. 하나
님이 허락한 선 안에서 모든 것을 하는 게 마귀입니다.

마귀는 끊임없이 인간의 죄를 찾아다니며 죄를 들추어내며 괴롭히나
하나님은 사랑과 인자하심으로 하나님의 백성을 찾으십니다.

아담과 하와가 하나님 앞에서 숨은 것은 원죄가 생긴 후 이므로 오래전
부터 하나님은 죄로 인해 하나님 앞에 숨어야 하는 인간의 마음을 다 이
해하십니다.

죄가 있다면 회개하고 하나님께 가까이 갈 수 있도록 신앙생활을 하면
되는 것입니다.

사람이 죄로 인하여 마귀의 손에 그 영혼이 완전히 들어가기 전에 서둘
러서 기도해야 합니다.

아름다운 여인이 삼가지 아니하는 것은 마치 돼지 코에 금 고리 같으
니라

정숙하지 못한 여인은 돼지와 같고 그 여인의 아름다움은 돼지 코에 끼운 금 고리와 같다는 말씀은 탕녀는 돼지와 같다는 뜻입니다. 쓸모없는 것에게 귀한 것을 내주지 말 것을 암시합니다.

아름다운 여인이 삼가지 않는 다면 그는 탕녀이므로 그 아름다움은 어울리지 않으며 낭비의 결과물입니다.

탕녀의 아름다움은 사치의 부산물이며 아무 쓸모없는 것이라는 비유의 말씀입니다.

흩어 구제하여도 더욱 부하게 되는 일이 있나니 과도히 아껴도 가난하
게 될 뿐이니라

흩어 구제하는 것은 세상 속에 재물의 씨앗을 심는 것과 같으나 구제하
는 마음자체를 그렇게 가져서는 안 될 것입니다. 과도히 아껴도 가난하게
되는 것은 재물을 쓰지 않아 썩히게 되며 그 썩은 악취는 윤택함이 아닌
곤고함이 닥치게 하고 과도한 아낌으로 인하여 빈곤의 고통을 겪을 것입
니다.

아끼는 자는 재물의 씨앗이 세상에 뿌려지지 못해 가산이 늘어날 일이
없게 됩니다.

그러므로 재물이 늘어나지 않는 상황에서 아끼는 것으로 발생하는 부
패와 손해 보는 것이 발생하게 되는데 그 문제를 만회하려고 돈을 사용하
게 되어 결과적으로 재산이 줄어들게 됩니다.

그런 자는 사회에 신뢰가 없고 아무도 못 믿어서 재산을 불릴 수도 없습
니다.

옳은 일과 바른 목적에 재물을 사용하는 것은 자신을 행복하게 하고 가
산이 불어나게 합니다.

너희 이스라엘 자손들아 그 날에 여호와께서 창일하는 하수에서부터
애굽 시내에까지 과실을 떠는 것 같이 너희를 하나하나 모으시리라
그날에 큰 나팔을 불리니 앗수르 땅에서 멸망하는 자들과 애굽 땅으로
쫓겨난 자들이 돌아와서 예루살렘 성산에서 여호와께 예배하리라

흩어진 이스라엘이 모두 모여 이스라엘인이 살던 땅으로 돌아와 영토를 다시 찾으려고 전쟁 중인 요즘 상황과 겹치는 이 말씀은 죄를 짓고 멸망하여 흩어져도 하나님의 사랑은 그들을 다시 모이게 하여 나라를 세우고 전쟁하게 하십니다. 그들은 과학의 발전으로 사람이 신에게 가까이 가고 있으므로 하나님 외에는 답이 없음을 알 것입니다.

야훼 이외의 낮은 신의 영역은 과학기술이 넘어서고 있습니다.

이방인인 한국인 또한 야훼께서 바라보시니 감사해야 합니다.

고넬로의 환상의 동물들처럼 본래 부정한 이방인이라 해도 하나님이 그 부정함을 거두셨다면 그들은 정결한 자들로서 부르십니다.

요즘은 어떤 민족이든 하나님을 믿으면 하나님께서 보시기 때문에 믿음에는 경계가 없으니 마음 놓고 믿어야 합니다.

여호와 우리 하나님이시여 주 외에 다른 주들이 우리를 관할하였사오
나 우리는 주만 의지하고 주의 이름을 부르리이다

여호와 주님 이외의 다른 신들이 주님 노릇을 하려고 영향력을 끼치나 그럼에도 불구하고 여호와 주만 의지하며 여호와의 이름만을 부른다 하며 다른 신을 물리치고 하나님 품에 온전히 들어오는 말씀입니다.

아무리 세상에 신들이 무수히 있다 하더라도 여호와의 이름을 부르면 야훼께서는 작게 읊조리는 음성까지도 다 들으시므로 작은 소리라도 다른 신들이 물러나고 하나님께서 가까이 들으시니 사람이 원하면 하나님을 붙들고 나의 신은 하나님이라 주장할 수 있습니다. 신들의 왕이신 하나님을 믿는 것이 사람에게는 바른길입니다.

이사야 26:10

> 악인은 은총을 입을지라도 의를 배우지 아니하며 정직한 자의 땅에서
> 불의를 행하고 여호와의 위엄을 돌아보지 아니하는도다

신의 은총을 받기를 원하는 많은 사람들 중에 악인도 있으며 악인은 귀하디 귀한 은총을 받고도 감사하지 않으며 신을 믿으라고 준 은총을 먹어치우고는 악한 일을 행하므로 신을 생각지 않는 자라 하셨습니다.

때로는 하나님께서 악인이 잘한 일이 있어 기회를 주시고 은총을 선물로 주시나 악인은 은총의 열매를 거둘 수 없고 불길 속에 사라지는 물 한 방울처럼 신의 은총을 흔적도 없이 삼킵니다.

이러한 행위로 인하여 악인은 신의 은총을 바르게 받을 수 없어 결국 악인의 길은 헛된 것이 됩니다.

정직한 자의 땅에서 악을 행한 악인에게 은총을 주셨던 여호와를 옳게 바라보지 않는 악인에게는 하나님께서 가지신 귀한 것들이 모두 악을 위한 도구로 사용되는 결과를 아시고, 선한 도구를 악한데 사용하는 악인에게 하나님께서 진노하시니 악인의 한계는 악함이라는 것을 알고 의인들은 그들을 회피해야 합니다. 보통 사람들 역시 악인을 멀리하는 것이 바람직합니다. 세상에서도 악인은 덕을 끼치지 않기 때문입니다.

이에 내가 보니 흰 말이 있는데 그 탄 자가 활을 가졌고 면류관을 받고 나아가서 이기고 또 이기려고 하더라 둘째 인을 떼실 때에 내가 들으니 둘째 생물이 말하되 오라 하니

이에 다른 붉은 말이 나오더라 그 탄 자가 허락을 받아 땅에서 화평을 제하여 버리며 서로 죽이게 하고 또 큰 칼을 받았더라

셋째 인을 떼실 때에 내가 들으니 셋째 생물이 말하되 오라 하기로 내가 보니 검은 말이 나오는데 그 탄 자가 손에 저울을 가졌더라

내가 네 생물 사이로부터 나는 듯한 음성을 들으니 이르되 한 데나리온에 밀 한 되요 한 데나리온에 보리 석 되로다 또 감람유와 포도주는 해치지 말라 하더라

넷째 인을 떼실 때에 내가 넷째 생물의 음성을 들으니 말하되 오라 하기로

내가 보매 청황색 말이 나오는데 그 탄 자의 이름은 사망이니 음부가 그 뒤를 따르더라 그들이 땅 사분의 일의 권세를 얻어 검과 흉년과 사망과 땅의 짐승들로써 죽이더라

보혜사께서 이르기를 병마를 상징하는 말씀으로 아직 이때가 지나가지 않아 호기심 많은 양들이 알아내려 애쓰다가 살아 있는 성경말씀대로 병마에 노출될 수 있는 무서운 내용이라서 자세히 알려 하지 말라 하셨습니다.

질병으로 인한 고통의 때가 지나가기를 기도해야 하는 말씀입니다.

이 구절들을 생각하며 깊게 집착하면 때가 지나지 않았을 때 재앙으로 인한 병원균에 감염돼서 갑자기 죽을 수 있습니다.

네가 말하기를 나는 부자라 부요하여 부족한 것이 없다 하나 네 곤고
한 것과 가련한 것과 가난한 것과 눈 먼 것과 벌거벗은 것을 알지 못하
는도다

"너는 현실에서 가진 재력만으로 부요하여 부족한 것이 없다 하나 영의
세계와 너 자신의 실상(예수의 도에서 바라볼 때)은 곤고하고 가련하며
가난하며 눈 먼 소경이며 옷조차 벌거벗은 채 두 손에 돈만 쥐고 진실을
알지 못하는 자라" 하셨습니다.

주께서 지명한 자는 돈을 쥐었지만 모든 게 부족한 자입니다.

부자라 해도 자신의 진실을 알고 영적인 상태와 예수님의 도를 알아 하
나님이 허락한 진정한 부를 누리고 평안한 삶을 살 수 있습니다.

이사야 22:22

내가 또 다윗의 집의 열쇠를 그의 어깨에 두리니 그가 열면 닫을 자가
없겠고 닫으면 열 자가 없으리라

요한계시록 3:7

빌라델비아 교회의 사자에게 편지하라 거룩하고 진실하사 다윗의 열쇠
를 가지신 이 곧 열면 닫을 사람이 없고 닫으면 열 사람이 없는 그가 이
르시되

다윗의 열쇠를 지닌 분은 메시아이십니다.

다윗 왕의 영광을 발판으로 말 위에 앉으시는 크신 분이 예수님 외에 없
고 그 영광을 발밑에 받으실 분은 예수님뿐입니다.

아무도 그 권세를 이기지 못하며 열쇠를 어찌하든 그분의 의중과 반대
로 할 자가 아무도 없으니 열쇠의 주인이신 하나님의 외아들 그리스도의
말씀을 주목해야 합니다.

말씀의 비밀 1

주께서 심지가 견고한 자를 평강하고 평강하도록 지키시리니 이는 그가 주를 신뢰함이니이다

여호와께서는 마음이 바르고 그 뜻이 강인하여 흔들림이 없는 자를 평온하게 지키시나니 그러한 자는 주님을 믿고 의지하며 잠을 자도 깨어 기도하고 모든 일상을 주님의 안에서 행하기 때문에 하나님이 지키십니다. 주님을 진정으로 신뢰함으로 얻는 것은 원하는 모든 것입니다.

> 그 때에 예수를 판 유다가 그의 정죄됨을 보고 스스로 뉘우쳐 그 은 삼
> 십을 대제사장들과 장로들에게 도로 갖다주며

예수님을 정죄한 자가 대제사장과 수많은 유대인들입니다. 죄 없는 이를 정죄하였는데 인간은 모두 죄인인데 예수님을 죄 없다고 함이 바로 죄인의 증표로 즉, 하나님의 아들이라 한 것이 죄 없음이라 주장한 것과 같다는 죄명으로 예수께 없는 죄를 뒤집어씌워 죄인의 자리에 세우니 가룟 유다가 예수님이 죄 없는 것을 죄 있다 하는 것을 보고 죄가 없음이 드러나 스스로 뉘우쳤습니다. 최후의 만찬 때까지 예수님이 죄 있다고 생각한 가룟 유다는 마음을 마귀에게 빼앗겼습니다.

예수님을 죄인의 자리에 기어이 세우고야 마는 모든 상황들은 그리스도인들이 눈물을 흘리게 합니다.

예수님의 부활 후 그는 신이 되어서 하늘로 승천하셨지만 십자가에서 운명하신 그날 몸이 찢기고 피투성이였으며 모든 것을 잃고 숨을 거두신 예수님의 모습을 보는 건 슬픈 사건으로 그리스도인들의 마음에 상처가 되는 일입니다.

예수님을 죽음으로 몰아넣은 죄인들은 하나님이 뜻을 이루시고 나면 마귀 그릇으로 사용한 죄인들을 지옥으로 들어가게 던지는 것이 하나님의 계획입니다.

악인을 악하게 사용한 뒤 지옥에 떨어지게 하는 것이 하나님의 공의입니다.

임금이 대답하여 이르시되 내가 진실로 너희에게 이르노니 너희가 여기
내 형제 중에 지극히 작은 자 하나에게 한 것이 곧 내게 한 것이니라 하
시고

지극히 작은 자는 곧 하늘의 임금께서 스스로를 빙산의 일각으로 자신을 보이신 것과 같습니다.

그 순간은 왕이 지극히 작아 보여 보통 사람과 다르게 가장 작은 자처럼 사람들의 눈에 띄게 됩니다.

그러므로 왕이 자신을 숨기고 있을 때는 지극히 작은 자와 같이 보입니다. 이것은 왕이 나라를 통치하는 방법 중에 하나입니다.

왕이 자신을 작아지도록 자신을 숨기는 것은 세상의 작은 자를 살리기 위함이며 진실로 작은 자를 돕던 자를 구원하기 위함입니다. 작은 자는 왕이 모습을 감춘 모습과 같아서 작은 자를 살리면 왕을 구한 것과 같이 대우를 받습니다.

또한 제자들에게 이르시되 어떤 부자에게 청지기가 있는데 그가 주인의 소유를 낭비한다는 말이 그 주인에게 들린지라

주인이 그를 불러 이르되 내가 네게 대하여 들은 이 말이 어찌 됨이냐 네가 보던 일을 셈하라 청지기 직무를 계속하지 못하리라 하니

청지기가 속으로 이르되 주인이 내 직분을 빼앗으니 내가 무엇을 할까 땅을 파자니 힘이 없고 빌어먹자니 부끄럽구나

내가 할 일을 알았도다 이렇게 하면 직분을 빼앗긴 후에 사람들이 나를 자기 집으로 영접하리라 하고

주인에게 빚진 자를 일일이 불러다가 먼저 온 자에게 이르되 네가 내 주인에게 얼마나 빚졌느냐

말하되 기름 백 말이니이다 이르되 여기 네 증서를 가지고 빨리 앉아 오십이라 쓰라 하고

또 다른 이에게 이르되 너는 얼마나 빚졌느냐 이르되 밀 백 석이니이다 이르되 여기 네 증서를 가지고 팔십이라 쓰라 하였는지라

주인이 이 옳지 않은 청지기가 일을 지혜 있게 하였으므로 칭찬하였으니 이 세대의 아들들이 자기 시대에 있어서는 빛의 아들들보다 더 지혜로움이니라

내가 너희에게 말하노니 불의의 재물로 친구를 사귀라 그리하면 그 재물이 없어질 때에 그들이 너희를 영주할 처소로 영접하리라

주께서는 어떤 사람이 옳지 않고 바르지 않아도 자신의 세대에서는 더욱 지혜롭다 평가한다는 것을 교훈하시며 도리에 맞지 않은 재물로 친구를 사귀라 하시고 불의와 손을 잡을 줄 알아야 한다고 교훈하셨습니다.

불의하고 불의한 돈이라도 친구를 위해 쓰라는 것은 남는 재물은 아끼지 말고 벗을 위하여 사용하여 친구로부터 대우를 받고 이익을 얻는 세상의 순리를 말씀하시는 것이니 지혜로운 그리스도인은 이를 지켜 함께할 친구를 정하고 현명히 행동하여 세상과 하나님께 아무 문제 없이 살아야 합니다.

그리스도인은 지혜로운 일을 행하되 세상과 타협이 아닌 하나님의 공의로 세상에서 순탄히 살아야 합니다.

나의 영혼이 주를 가까이 따르니 주의 오른손이 나를 붙드시거니와

나의 영혼을 찾아 멸하려 하는 그들은 땅 깊은 곳에 들어가며

칼의 세력에 넘겨져 승냥이의 먹이가 되리이다

주님을 가까이 따르면 주께서 붙잡으시고 죽이려 하는 자들이 매장당하며 죽이려는 자들이 승냥이 노릇을 하는 자에게 밥으로 던져지니 주를 가까이 따르는 자에게 기쁘고 다행스런 말씀입니다.

주를 가까이하고 따르는 자는 하나님의 보호를 받아 평안을 얻고 보호를 하심으로 안전할 수 있습니다.

주의 인자하심이 생명보다 나으므로 내 입술이 주를 찬양할 것이라

생명은 있다가도 사라지고 없다가도 있으나 여호와의 인자하심은 항상 존재하고 그 인자하심이 모든 사람을 살게 하므로 모든 생명이 주의 인자하심 안에 있어 입술로 주를 찬양한다고 본문에 기록되어 있습니다.

여호와께서는 사랑이 많고 인자하심이 많으신 분으로 훗날에 모든 악을 멸하시는 계획도 모자라 구원받는 인간을 위하여 세상과 하늘의 일을 더 해 두시는 하나님이십니다.

하나님의 계획은 인간이 다 헤아릴 수 없습니다.

아, 슬프도다 사람은 입김이며 인생도 속임수이니 저울에 달면 그들은
입김보다 가벼우리로다

사람의 영은 그 무게가 가볍고 사람의 생명은 하나님의 입김으로 생령
이 되어 태어나니 사람은 여호와의 입김보다 가벼우며 사람이 오래 살수
록 많은 것을 알고 인생의 무게가 무거워진다 생각하나 죽음은 죽은 자의
인생을 가볍게 만드는 것으로 이를 모르는 사람은 인생에 속으며 한평생
을 살아간다는 것을 깨닫게 하였습니다.

인생을 살면서 허구가 아닌 진실이 무엇인지 깨달은 저자는 사람의 여
러 삶이 헛된 것임을 알리며 이것은 후대까지 전해져 많은 사람들의 영적
교훈이 되었습니다.

본래 하나님께서 사람과 함께하시지 않으면 지나고 나면 모든 것이 헛
된 것이 됩니다.

우리가 하나님을 의지하고 용감하게 행하리니 그는 우리의 대적을 밟으실 이심이로다

우리가 하나님을 의지하면 하나님의 품안에서는 우리가 스스로 전갈을 밟고 일어나듯 대적들이 우리의 일어서는 발로 인해 으스러질 것이며 하나님을 의지하면 그때부터 하나님의 영역 속에 들어가게 되어 자연스럽게 주님으로 인하여 담대한 마음을 가지니 우리가 담대하고자 할 때 우리의 마음을 하나님께로 항상 두어야 합니다. 그래야 강력한 힘을 가질 수 있습니다.

하나님이 참으로 이스라엘 중 마음이 정결한 자에게 선을 행하시나

나는 거의 넘어질 뻔하였고 나의 걸음이 미끄러질 뻔하였으니

이는 내가 악인의 형통함을 보고 오만한 자를 질투하였음이로다

그들은 죽을 때에도 고통이 없고 그 힘이 강건하며

사람들이 당하는 고난이 그들에게는 없고 사람들이 당하는 재앙도 그들에게는 없나니

그러므로 교만이 그들의 목걸이요 강포가 그들의 옷이며

살찜으로 그들의 눈이 솟아나며 그들의 소득은 마음의 소원보다 많으며

그들은 능욕하며 악하게 말하며 높은 데서 거만하게 말하며

그들의 입은 하늘에 두고 그들의 혀는 땅에 두루 다니도다

그러므로 그의 백성이 이리로 돌아와서 잔에 가득한 물을 다 마시며

말하기를 하나님이 어찌 알랴 지존자에게 지식이 있으랴 하는도다

볼지어다 이들은 악인들이라도 항상 평안하고 재물은 더욱 불어나도다

내가 내 마음을 깨끗하게 하며 내 손을 씻어 무죄하다 한 것이 실로 헛되도다

나는 종일 재난을 당하며 아침마다 징벌을 받았도다

내가 만일 스스로 이르기를 내가 그들처럼 말하리라 하였더라면 나는 주의 아들들의 세대에 대하여 악행을 행하였으리이다

내가 어쩌면 이를 알까 하여 생각한즉 그것이 내게 심한 고통이 되었더니

하나님의 성소에 들어갈 때에야 그들의 종말을 내가 깨달았나이다

주께서 참으로 그들을 미끄러운 곳에 두시며 파멸에 던지시니

그들이 어찌하여 그리 갑자기 황폐되었는가 놀랄 정도로 그들은 전멸

하였나이다

주여 사람이 깬 후에는 꿈을 무시함 같이 주께서 깨신 후에는 그들의 형

상을 멸시하시리이다

사람이 인생을 살면서 불의한 자가 잘되어 승승장구하는 것을 보고 "이

상하다. 그럴 리가 없을 텐데"라고 여기는 것보다 그들과 주님의 사람들

이 연단받는 삶을 비교할 때 자신도 모르게 질투하는 마음이 생겨날 수가

있습니다.

그러나 권불십년이라는 말처럼 불의한 자는 그 기한과 끝마침이 있고

그것이 주께서 연단하고 있는 사람들과 확연한 차이가 있고 그 결말이 서

로 다르며 좋지 않음을 세상의 교훈으로 곧 깨닫게 하십니다.

이 세상에서 악한 자가 잘되는 듯 보여도 하나님께서 세상을 통해 악한

자를 죽이는 결과를 반드시 보게 하시니 세상과 하나님은 연결되어 있는

관계임을 알아야 합니다. 세상은 악인이 많아 하나님께서 바라보시지 않

는 듯해도 양들이 세상 속에서 각기 살아가고 있기에 악인을 보시고 멸

하시어 양을 보호하시는 하나님이심을 우리는 깨달아야 합니다. 세상의

영광 또한 주님의 양에게 허락할 때가 종종 있다는 것을 연단을 통해 깨

닫고 예수께서 양과 함께하시면서 간혹 목장 밖의 풀을 먹이시기도 하시

니 상황과 때는 각기 양마다 다르며 양들이 모두 같지 않음을 알아야 합

니다.

의로운 자와 악한 자는 양극으로 치우쳐 서로 다른 결과를 보인다는 것

을 깨닫고 하나님을 아는 사람들은 하나님을 원망하지 말며 연단할 때는 하나님을 마음에 두고 생각해야 합니다.

악이 악인을 죽일 것이라 의인을 미워하는 자는 벌을 받으리로다

악인이 휘두르는 칼은 사람을 죽이나 시간이 지날수록 자신에게 칼을 겨눠 자기가 휘두르는 칼에 자신이 죽게 될 것이며 선한 자를 미워하면 벌이 있게 된다는 말씀입니다. 선한 자들은 각 나라들의 기둥 역할을 하는 사람입니다. 의인으로 인하여 하나님은 의인들이 살고 있는 나라를 멸망으로부터 건지시고 나라를 지켜 주십니다.

그 증거로 소돔과 고모라성에서 하나님은 의인의 중요성을 말씀하셨습니다. 그 커다란 성에 의인 5명만으로도 성을 멸망시키지 않는다고 하셨습니다. 그러나 그 정도의 의인도 찾아볼 수 없는 성읍이라 불로 멸망하게 되었습니다.

하나님이 사랑하는 사람들은 의인입니다.

그런 자들을 미워하면 하나님께 벌을 받는 건 당연합니다. 의인은 하나님께 중요합니다. 죄를 지은 수많은 사람들을 의인이 존재함으로 인하여 다 용서하실 만큼 의인은 사람들에게도 귀한 자들입니다.

히브리서 10:29-10:30

하물며 하나님의 아들을 짓밟고 자기를 거룩하게 한 언약의 피를 부정
한 것으로 여기고 은혜의 성령을 욕되게 하는 자가 당연히 받을 형벌은
얼마나 더 무겁겠느냐 너희는 생각하라
원수 갚는 것이 내게 있으니 내가 갚으리라 하시고 또 다시 주께서 그의
백성을 심판하리라 말씀하신 것을 우리가 아노니

예수님의 십자가 죽으심을 모독하고 십자가를 지신 예수님을 모욕하는
나라들과 사람이 있으며 그들의 죄는 아주 깊어 끝이 없이 스올로 내려가
는 길과 연결되어 있습니다.

메시아는 수많은 성도들의 피와 십자가 보혈을 비웃은 자들을 심판합
니다.

악한 자들 손에 죽었던 이들이 일어나 예수께 언제까지 기다려야 하는
지 물었던 때가 기록돼 있습니다.

수많은 선한 자들의 피에 대하여 원수 갚음과 심판의 약속으로 희망
을 가진 의인들의 마음과 예수님 곁에 있는 영혼들의 마음은 일심동체
입니다.

결국 인류는 연합하여 선을 이루는 공동체가 되어 죄인의 불행을 이겨
내야 합니다.

개신교 안에 나쁜 사람들이 많이 유입돼서 교회 안에 거짓된 자가 많이
있고 이를 다 뽑아내지 않는다면 그들에 대한 하나님의 진노하심으로 인

말씀의 비밀 1

해 교회가 아픔을 겪어야 할지도 모릅니다.

교회밖에 거짓된 자는 하나님이 가라지로 분류하니 관계없지만 교회 내부를 잘 가꿔야 합니다.

양들은 순진해서 잘 모를 것이고 교회들의 참 목자들은 어렴풋하게라도 잡초가 심어져 있음을 알아야 합니다.

그들이 자라나 알곡들을 가리고 빛나지 못하게 만들므로 각 교회들의 목자들은 하나님을 위해 교회 내부의 가라지와 알곡을 분리해야 합니다.

이는 하나님이 거짓말을 하실 수 없는 이 두 가지 변하지 못할 사실로 말미암아 앞에 있는 소망을 얻으려고 피난처를 찾은 우리에게 큰 안위를 받게 하려 하심이라

하나님은 한번 말씀으로 약속하신 것은 변하시지 않기 때문에 거짓말을 하실 수 없습니다.

시험하심과 거짓말은 다릅니다.

진실 안에서 하시는 게 시험입니다.

마귀는 하나님을 비난하거나 하나님께 불평하는 생각을 하게 하려 하나 하나님의 공의로우시고 지혜로우심은 사람을 안위하게 하시고 기쁘게 하십니다.

영이 곤고할 때 마음에 믿음을 지니고 소망을 얻으려하는 것은 인간의 선한 본성이며 이를 알고 계신 하나님께서는 피난처인 하나님을 찾은 인간을 쉬게 하시며 편안하게 지켜 주십니다.

그가 이같이 오래 참아 약속을 받았느니라

사람들은 자기보다 더 큰 자를 가리켜 맹세하나니 맹세는 그들이 다투
는 모든 일의 최후 확정이니라

하나님은 크고도 높으심이 제일이라 이 세상 우주를 모두 살피시는 분
이시며 모든 것을 계획하신 분이므로 하나님께 약속을 받으려면 인내심
이 있어야 하고 연단은 소망을 이루듯 약속을 받으려면 약속의 그릇을 만
들어 가야 하기에 스스로 만들어지기 위한 오래 참음이 있어야 합니다.

말씀대로 맹세란 다툼의 정지를 뜻하며 변하지 않는 것임을 알아야 할
것입니다. 하나님의 약속을 듣기 위하여 고군분투하는 크리스천이 있을
것입니다.

진실된 모두에게는 하나님의 사랑이 때때로 비춰지니 이를 감사하며
앞으로 인내하며 전진하는 것이 그리스도인의 길이자 방법입니다.

그러나 이제는 너희가 죄로부터 해방되고 하나님께 종이 되어 거룩함
에 이르는 열매를 맺었으니 그 마지막은 영생이라
죄의 삯은 사망이요 하나님의 은사는 그리스도 예수 우리 주 안에 있는
영생이니라

죄의 사슬은 우리를 고단하게 하며 곤고한 삶을 가져다주며 죄가 열매
를 맺어 사망에 이르게 하나 예수께서 죄의 사슬을 끊고 영생의 열매를
얻게끔 자유를 주셨습니다. 하나님의 여러 은사 가운데 가장 중요한 것
은 영생이라는 선의 열매입니다. 하나님의 종은 죄에서의 자유인을 뜻합
니다.

영원한 삶은 행복을 가져오고 남녀노소 서로 조건 없이 사랑할 아가페
적인 마음을 갖게 됩니다.

죄가 너희를 주장하지 못하리니 이는 너희가 법 아래에 있지 아니하고
은혜 아래에 있음이라
그런즉 어찌하리요 우리가 법 아래에 있지 아니하고 은혜 아래에 있으
니 죄를 지으리요 그럴 수 없느니라

다른 종교는 사람의 죄를 주장하며 물질세계의 원인과 결과론을 지킵니다.

하나님의 사랑과 은혜가 없기 때문에 죄로 인하여 길이 정지되어 막히고 정체됩니다.

법을 따지고 죄진 사람을 죽일 목적으로 골수까지 쪼개며 죄 있는 사람에게서 죄의 본성을 증거 삼아 악하다 하여 죄인을 괴롭게 하는 일이 일어나고 있습니다.

이것은 사람들의 죄에 대하여 시작부터 관대했기 때문입니다.

결과적으로 그 관대함으로 인하여 죄가 불어나 죄로 인하여 고통 받는 사람들이 많습니다.

예수께서 몇 년 전 "죄의 사슬에서 벗겨 내어 모든 죄를 이길지라"라고 저에게 말씀하셨습니다.

사람들은 죄의 권세를 이길 수 있도록 성삼위일체를 사모하고 믿어야 합니다.

대저 악행은 불타오르는 것 같으니 곧 찔레와 가시를 삼키며 빽빽한 수
풀을 살라 연기가 위로 올라가게 함과 같은 것이라

악행이란 모든 것을 태우는 불과 같고 찔레와 가시 곧 마음을 찌르는 죄
책감과 가책을 삼키며 무성하고 장성한 사람을 불태워 죽임과 같고 이 같
은 악행을 저지르고 하늘을 향해 올라가는 연기를 바라본 것과 같다 말씀
하셨습니다.

불처럼 한 가지 악은 많은 선을 해한다 하였습니다.

아름답던 많은 것을 태워 버리는 것이 불이요 악이니 주께서 이를 멀리
하게 하시고 안전하게 있게 하심은 오직 예수 그리스도와 살아 계신 하나
님과 성령님으로 인한 보호입니다. 그러므로 주님을 믿는 보호받는 사람
들은 은혜로 인하여 범사에 감사하여야 합니다.

여호와를 의지하고 교만한 자와 거짓에 치우치는 자를 돌아보지 아니
하는 자는 복이 있도다

교만한 자와 거짓에 치우치는 자들은 주로 권력층에 분포하고 있습니다.
권력층이 모두 나쁘고 이에 해당한다는 것이 아니라 교만과 거짓의 습
성이 권력층에 많이 스며들어 있습니다.
분별하여 이런 자들을 바라보지 말고 하나님을 의지해야 복을 주십니다.

진실로 각 사람은 그림자 같이 다니고 헛된 일로 소란하며 재물을 쌓으나 누가 거둘는지 알지 못하나이다

사람은 허상으로 다니며 영혼과는 관계없는 일들로 시끄러우며 재물로 곳간을 채워도 재물을 채우는 사람과 재물을 거두어 가는 사람은 각기 다르니 세상일이 즐겁지 않으며 진정한 행복을 얻을 수 없습니다.
여호와의 말씀으로 즐거움을 찾고 각자의 삶이 복되게 해야 합니다.

그러므로 너희가 이제 여러 가지 시험으로 말미암아 잠깐 근심하게 되
지 않을 수 없으나 오히려 크게 기뻐하는도다

시험이 임하면 온갖 불안과 걱정으로 좌불안석이 되나 시험으로 말미
암아 정금과 같이 단련되어 강해지고 귀하게 되어 이로 말미암아 시험당
하여 어려움으로 연단된 자는 크게 기뻐합니다. 시험을 통과하게 됨으로
강하여지고 하나님의 사랑을 더욱 알게 되기 때문입니다. 각 심령은 제련
되는 금과 같습니다.

제련 후 더욱 주를 의지하고 사랑하게 됩니다.

감사의 기도가 흘러나오며 주를 찬양하게 됩니다.

사랑의 하나님께서는 각 사람마다 견딜 수 있는 시험을 주시고 사람을
강하게 만드시는 분이심을 알고 믿으며 주님께 마음을 드려야 합니다.

사도행전 1:8

오직 성령이 너희에게 임하시면 너희가 권능을 받고 예루살렘과 온 유
대와 사마리아와 땅 끝까지 이르러 내 증인이 되리라 하시니라

성령이 제자들에게 각기 임하여 예수님의 권능을 행하여 죽은 자를 살
렸으며 복음은 각 지역으로 퍼져 그들은 예수님의 증인이 되었고 예수님
의 이름을 알리고 순교하였습니다.

그들의 피로 인하여 교회가 모습을 완전하게 갖추고 온전히 예수 그리
스도의 종교로 세계에 퍼졌습니다.

제자들의 죽음은 예수 그리스도의 이름을 강조하게 되었으며 종교가
더 견고하게 되었습니다.

인간이 믿는 종교라는 것에는 튼튼한 기둥이 필요했기에 여호와께서는
예수님의 제자들에게 예수님을 전파하기를 원하셨습니다.

모든 제자가 다 순교하여 인간의 눈으로 보면 비극과 불행이나 하나님
께서는 그들의 값진 육신의 생명을 받으시고 더 큰 것으로 돌려주셨습
니다.

12제자의 순교는 예수님의 뒤를 따르는 숭고한 죽음입니다.

예수께서 신 포도주를 받으신 후에 이르시되 다 이루었다 하시고 머리
를 숙이니 영혼이 떠나가시니라

예수님의 십자가의 죽음은 죽음이 임박해서까지 "다 이루었노라"고 인
류애에서 우러나온 인간의 죄에 대한 용서를 표면적으로나 내부로나 다
이루시고 죽음과 모든 고통을 초월한 분으로서 내면에 인간의 것이 아닌
신의 사랑이 존재하심이 마지막 말씀을 통해 세계에 다 드러났습니다. 그
보다 강할 수 없고 그보다 귀할 수 없는 사랑을 받은 인류는 죄를 짓지 않
으려고 노력하며 의롭게 살고 회개해야 합니다.

이스라엘 여자 중에 창기가 있지 못할 것이요 이스라엘 남자 중에 남창
이 있지 못할지니

가난한 자를 생각하시는 하나님의 법은 공의로워 이스라엘 민족에게는
몸을 파는 남녀가 없게 하셨습니다. 자신의 생식기를 파는 남녀는 자신의
살을 떼어 주고 돈을 받아 살려고 하는 자로 몸을 팔고 받은 돈으로 목숨
연명밖에 할 수 없는 자들입니다.

돈을 많이 벌어도 다 새어 나가므로 창기와 남창의 돈 버는 일은 소용없
는 일입니다.

하나님께서 이스라엘을 거룩하게 하시기 위하여 창기와 남창을 두지
않으셨습니다.

몸 파는 일을 할 바에는 차라리 구걸을 하는 게 낫습니다.

돈을 많이 벌 수가 없습니다.

몸을 파는 것은 가난에서 구제될 수 있는 일이 아니기 때문입니다.

예수님을 받아들이는 많은 나라들은 예수님께서 완성하신 사랑안의 율
법으로 평안하고 거룩하게 살아야 합니다.

> 아버지는 그 자식들로 말미암아 죽임을 당하지 않을 것이요 자식들은
> 그 아버지로 말미암아 죽임을 당하지 않을 것이니 각 사람은 자기 죄로
> 말미암아 죽임을 당할 것이니라

이스라엘의 율법은 가족이라 해도 서로로 인해 즉, 다른 사람으로 인하여 죽임당하지 않을 것이라 하셨습니다.

동양의 종교는 자신 이외에 가족이나 알지도 못하는 조상으로 인한 죄를 대신 받는데 이를 면하려면 하나님을 믿어야 합니다.

단지 자신의 죄로 인해 죽을 것임을 말씀하셨고 예수께서는 이와 같이 각기 자신들의 죄로 인하여 희망이 없던, 자기 죄 이외의 죄의 멍에는 없었던 유대계에 가뭄의 단비처럼 오셔서 유대교에 부재하던 여호와의 끝없는 사랑을 선포하시고 스스로 죽으시어 유대교의 율법을 완성하셨습니다.

그때에 예수께서는 유대계의 큰 사건이었습니다.

기존 율법과 다른 점이 있어서 많은 사람들이 병들어 죽어 가면서도 예수님의 진리를 쉽게 받아들이지 못했습니다. 예수께서 의사는 아픈 자에게 필요하다고 하시며 아픈 사람들에게 가시고 신분이 낮은 자들에게 가셨으나 사실 이스라엘의 모든 자가 불신이라는 병이 있는 아픈 자요, 병고침을 받을 자였습니다. 이스라엘 지도계층이 예수님을 못마땅하게 생각한 이유 중의 하나가 자신들을 멀리하고 신분이 낮은 자들에게 가신 것

입니다.

여기에서 알 수 있는 것은 예수께서 하셨던 말씀은 물질세계의 현상을 말씀하신 것이기 때문에(이 때문에 예수님으로부터 지배계층의 많은 유대인이 정상 판정을 받거나 공생애 기간 동안 용서하시지 않으셨습니다.) 예수님은 현실과 사실에 입각하여 기적을 보이셨습니다. 2천 년 전 사람들이 눈으로 보고 귀로 듣고 피부에 와닿는 일을 하셨습니다.

예수께서 행하신 일은 우리의 눈으로 볼 수 있는 것을 말씀하신 것으로서 부활도 사실이요, 승천 또한 사실이요, 구름 타고 오신다는 말씀도 물질세계의 눈으로 볼 수 있는 사실이라는 것을 알 수 있습니다.

대심판은 비유와 영적세계가 아니라는 것을 예수님의 말씀을 통하여 알아야 합니다.

길을 가다가 나무에나 땅에 있는 새의 보금자리에 새 새끼나 알이 있고 어미 새가 그의 새끼나 알을 품은 것을 보거든 그 어미 새와 새끼를 아울러 취하지 말고

어미는 반드시 놓아줄 것이요 새끼는 취하여도 되나니 그리하면 네가 복을 누리고 장수하리라

놓아준 어미 새 대신 새끼를 취하여 놓아준 어미 새는 새로운 새끼를 낳기 위해 날 것이며 새끼 새를 취한 자는 새끼 새에게 그 어미 새와 같습니다.

어미 새를 놓아주어 새롭게 살게 한 대로 여호와께서 그 놓아준 자에게 장수와 복을 주시는 것입니다.

여호와의 인자하심과 자비로우심이 율법의 곳곳에 드러나며 그 법이 치우치지 아니하고 공의로우심으로 가득하므로 여호와의 법은 향기롭고 거룩한 법입니다.

너희가 너희를 사랑하는 자를 사랑하면 무슨 상이 있으리오 세리도 이
같이 아니하느냐

그리스도인은 보통 사람보다 나아야 합니다.

원수를 사랑하여 뜯겨 먹혀 죽으라는 얘기가 아니라 지혜롭게 인간애
로써 응대해야 합니다.

예수님은 인류애를 가지고 계셨던 분입니다.

그래서 십자가에 달리신 일이 일어났습니다.

물론 나를 누군가 사랑하여도 나는 그를 인간적으로 사랑하지 않는 비
극적인 상황도 있지만 보편적으로는 사랑은 상호관계로써 서로 사랑하
게 되므로 주님의 말씀은 서로 사랑하는 것보다 하나님께 가는 높은 차원
의 사랑을 말씀하셨습니다. 상을 받고 하나님께 향하는 길을 말씀하셨습
니다.

나를 사랑하지 않는 자를 사랑하려면 노력을 해야 할 것입니다. 이것은
쉽지 않기에 하늘의 상이 있습니다.

세상에 공짜가 없다는 사고방식은 신의 법과도 일맥상통합니다. 하나
님은 값을 치르시는 분이십니다.

그렇기에 의로우시고 공의롭습니다.

나에게 이르시기를 내 은혜가 네게 족하도다 이는 내 능력이 약한 데서
온전하여짐이라 하신지라 그러므로 도리어 크게 기뻐함으로 나의 여러
약한 것들에 대하여 자랑하리니 이는 그리스도의 능력이 내게 머물게
하려 함이라

"내가 준 은혜가 네게 족한 것은 너의 유약한 부분에서 나의 능력이 강
하게 드러나게 되며 약하기 때문에 나로 인하여 완전히 채워짐으로, 너의
유약함으로 인해 완성된 자가 되었음이로다". 그리하여 유약한 것들에 대
하여 과시하며 바울은 자신을 완성시킨 예수 그리스도의 힘이 영원히 존
재하기를 바랐습니다.

그리고 기쁨을 전하였습니다. 예수님을 믿는 사람의 유약함은 그리스도
의 힘으로 채워짐을 알고 자신의 나약함을 부끄러워하지 말아야 합니다.

고린도전서 13:12

우리가 지금은 거울로 보는 것 같이 희미하나 그때에는 얼굴과 얼굴을
대하여 볼 것이요 지금은 내가 부분적으로 아나 그때에는 주께서 나를
아신 것 같이 내가 온전히 알리라

지금은 거울처럼 내 얼굴이 비치는 내 자아를 바라보는 듯하나 정하여
진 때가 되서야 서로의 얼굴을 선명하게 바라보고 코끼리를 만지던 장님
들처럼 우리들은 각 지체를 부분적으로는 알고 있으나 정하여진 때에는
주님이 나를 모두 안 것같이 나도 모든 전체를 알게 된다 하셨습니다.

예수께서 정하여진 기한과 때를 말씀하시니 모든 일에는 정함이 있어
인내하는 삶을 살아야 하고 그 인내는 연단을 가져오며 기한이 차되 연단
된 금과 같이 아름답고 강한 자가 되어 그때에 모든 것을 알 자격이 주어
지는 것이므로 우리는 인내를 지루해할 것이 아니라 스스로 연단되어 강
해지고 완전해지기 위한 시간이 있다는 생각으로 기뻐해야 합니다.

그러므로 너희 중에 약한 자와 병든 자가 많고 잠자는 자도 적지 아니하니

우리가 우리를 살폈으면 판단을 받지 아니하려니와

우리가 판단을 받는 것은 주께 징계를 받는 것이니 이는 우리로 세상과 함께 정죄함을 받지 않게 하려 하심이라

자신을 돌아보지 않고 자신에 대하여 스스로 판단치 아니하여 그리스도인으로 세움을 받을 자들이 병들고 잠들고 유약한 자들이 많은데 이를 방지하는 것은 자신을 살피는 일을 바로 행하는 것입니다.

자신을 점검하는 것이 바로 부실한 신앙을 방지하는 것 입니다. 그리스도인은 예수님으로 인하여 정죄를 받지 않습니다. 정죄를 피하려면 때때로 징계를 받더라도 주님 안에서 살아야 합니다.

사도행전 11:5-11:9

이르되 내가 욥바 시에서 기도할 때에 황홀한 중에 환상을 보니 큰 보
자기 같은 그릇이 네 귀에 매어 하늘로부터 내리어 내 앞에까지 드리워
지거늘
이것을 주목하여 보니 땅에 네 발 가진 것과 들짐승과 기는 것과 공중에
나는 것들이 보이더라
또 들으니 소리 있어 내게 이르되 베드로야 일어나 잡아 먹으라 하거늘
내가 이르되 주님 그럴 수 없나이다 속되거나 깨끗하지 아니한 것은 결
코 내 입에 들어간 일이 없나이다 하니
또 하늘로부터 두 번째 소리 있어 내게 이르되 하나님이 깨끗하게 하신
것을 네가 속되다고 하지 말라 하더라

예수님이 왔다 가시면서 부정한 것과 정결한 것과 하나님의 백성인 것
과 이방인인 것은 모두 하나님의 손안에 달린 것이 되었습니다. 율법 또
한 하나님께서 정결케 하신 것을 마음에 두어야 할 것입니다.

정결하고 깨끗한 것은 하나님의 택함을 입은 모든 것입니다.

정결하였으나 부정하게 변한 것은 부정한 것이지 계속해서 정결하다
말하지 않습니다.

부정했으나 하나님의 은혜로 정결케 된 것을 부정하다 부르지 못합니
다. 부정한 것을 깨끗케 하신 하나님을 무시하게 되기 때문입니다.

부정함을 깨끗하게 하신 것은 예수님의 용서와 사랑으로 인한 변화함

말씀의 비밀 1

으로 거듭남을 의미하기도 합니다.

병 고침의 기적은 예수님의 사랑과 용서가 깃든 일입니다.

병 고침을 입은 자는 다시 고침받기 전으로 돌아갈 수 없습니다. 정결하게 된 자는 하나님의 뜻에 맞는 정결한 삶을 살게 됩니다. 인간의 기준으로 정한 정결함의 규격은 하나님 뜻에 맞지 않습니다.

신명기 17:3-17:5

가서 다른 신들을 섬겨 그것에게 절하며 내가 명령하지 아니한 일월성
신에게 절한다 하자

그것이 네게 알려지므로 네가 듣거든 자세히 조사해 볼지니 만일 그 일
과 말이 확실하여 이스라엘 중에 이런 가증한 일을 행함이 있으면

너는 그 악을 행한 남자나 여자를 네 성문으로 끌어내고 그 남자나 여
자를 돌로 쳐죽이되

그리스 신화에서 볼 수 있듯 별들은 인간과 동물의 영이 깃든 천체로 여
호와 앞에서 일월성신은 귀신의 영, 동물의 영으로써 그들에게 경배하는
것은 하나님을 욕되게 하는 것입니다. 해와 달 또한 지구의 하루를 이루
는 천체로 신이 관리하는 물질입니다.

별은 탄생과 죽음이 있는 생명체입니다.

천체를 숭배함은 어리석음에서 나오는 것이며 하나님이 창조한 천체들
을 섬겨서 하나님을 욕되게 해서는 안 됩니다.

> 연회장은 물로 된 포도주를 맛보고도 어디서 났는지 알지 못하되 물 떠
> 온 하인들은 알더라 연회장이 신랑을 불러

이 기적은 예수님의 탄생 기적하고 유사합니다.

포도 없이 물만으로는 포도주가 만들어질 수 없으되 불가능하다 여김이 보통 사람들의 생각이고 그것이 일반적이나 예수께서 행하신 포도 없는 포도주는 마리아가 남자 없이 무성생식으로 아들을 낳았던 기적과 유사합니다.

우리는 이 기적을 통하여 하나님의 전지전능하심과 불가능이란 것은 신 앞에서 죽는 개념임을 상기시킵니다.

인간은 무에서 유를 창조한다는 말을 즐겨 씁니다.

인간은 '하나님의 전지전능하심은 무에서 유를 창조하심을 상징하는 신'이심을 알고 창조의 근원이신 왕이라는 것을 알아야 합니다. 인간은 하나님을 따라 발전하는 존재입니다.

유월절 제사를 네 하나님 여호와께서 네게 주신 각 성에서 드리지 말고
오직 네 하나님 여호와께서 자기의 이름을 두시려고 택하신 곳에서 네
가 애굽에서 나오던 시각 곧 초저녁 해 질 때에 유월절 제물을 드리고

고대에는 제사의 장소가 중요했습니다.

그러나 예수님이 지상에 오셨다 가신 후 교회마다 성령이 임하여 두세
사람이 모여도 함께하신다는 말씀이 있었습니다.

결국 여러 차이점으로 인하여 유대교와 기독교는 갈라져서 각각 따로
분리됐습니다.

한국에서는 예수께서 완성하신 율법에 대하여 목사들이 제사장의 직분
을 강조하며 필요에 따라 구약성경의 특정 말씀을 강조하기도 합니다.

구약성경에 기록된 제사장 직분의 높음이 목사의 위치와 같고 제사장
대우가 정당하다는 것을 인정받으려면 한국 목사님들은 하나님께 유월절
기에 양과 염소와 소들로 피 흘리는 제사를 드려야 합니다.

개신교는 하나님의 거룩함을 율법으로 생생하게 드러낸 유대교와 달라
서 유대교처럼 대우 받으려면 양과 소를 잡는 제사가 보충되어야 합니다.

예수님의 보혈로 다 될 것이라 생각하면 안 되는 것은 예수님의 십자가
형벌의 숙명은 율법이 기반 되어 받아들이신 일이기 때문입니다.

네 하나님 여호와께서 네게 주신 땅 어느 성읍에서든지 가난한 형제가 너와 함께 거주하거든 그 가난한 형제에게 네 마음을 완악하게 하지 말며 네 손을 움켜쥐지 말고

반드시 네 손을 그에게 펴서 그에게 필요한 대로 쓸 것을 넉넉히 꾸어 주라

삼가 너는 마음에 악한 생각을 품지 말라 곧 이르기를 일곱째 해 면제년이 가까이 왔다 하고 네 궁핍한 형제를 악한 눈으로 바라보며 아무 것도 주지 아니하면 그가 너를 여호와께 호소하리니 그것이 네게 죄가 되리라

너는 반드시 그에게 줄 것이요, 줄 때에는 아끼는 마음을 품지 말 것이니라 이로 말미암아 네 하나님 여호와께서 네가 하는 모든 일과 네 손이 닿는 모든 일에 네게 복을 주시리라

땅에는 언제든지 가난한 자가 그치지 아니하겠으므로 내가 네게 명령하여 이르노니 너는 반드시 네 땅 안에 네 형제 중 곤란한 자와 궁핍한 자에게 네 손을 펼지니라

이스라엘 구약성서 율법에는 같은 동족끼리는 부유한 자는 가난한 사람을 방치하지 않아야 하므로 꾸어 주라 명하고 있습니다.

만일 꾸어 주지 않으면 "죄"가 된다고 기록하였으며, 이는 훗날 예수께서 '거지 나사로의 비유'를 말씀하시게 된 율법조항입니다.

한국사회의 '유전무죄'는 유대인들의 율법으로 판단할 때 돈 앞에서는 같은 민족임을 포기하는 법이 횡행하고 있음을 알게 합니다.

한국사회는 부자와 가난한 사람은 한민족이 아닌 서로에게 이방인처럼 바라보는 문화를 만들어 냈습니다.

신약성서에서는 사랑의 빚 외에는 빚지지 말라 하셨습니다.

'사랑의 빚'에는 사랑이 있다면 그 사랑 안에 재물도 들어갑니다.

단지 악인에게 돈을 꾸지 말 것을 우회적으로 말씀하셨습니다. 다만 여호와께 호소하라 하셨습니다.

악한 의도가 있는 자의 것을 꾸지 말 것을 암시하셨습니다.

〈베니스의 상인〉이라는 희곡에서와 같은 일이 벌어질 수 있기 때문입니다.

같은 민족 안에서 가난을 없애는 것이 하나님의 목적입니다. 그래서 현대에 들어서 유대인들은 대부분 부유하게 잘살고 있습니다.

유대인 율법사들에게는(예수님을 인정치 않는 것 외에는 나름대로 자세하게 율법을 알고 있는 사람들) 오랫동안 가난한 자를 살리는 율법에 대하여 많은 논의가 있었을 것입니다.

민족의 동질성이 부족한 국가가 한국입니다.

사상과 이념과 돈 따위의 것들로 인해 민족이 사분오열 모두 서로에게 다른 나라 사람처럼 남과 같이 변했습니다. 이 현상은 심화되어 사회에 깊게 자리 잡았습니다.

그러나 하나님의 법이 사람들을 살릴 것입니다.

이에 성소 휘장이 위로부터 아래까지 찢어져 둘이 되고 땅이 진동하며 바위가 터지고

성소의 휘장이 둘이 된 것은 더 이상 여호와 하나님과 인간의 사이를 율법으로 갈라놓지 아니하고 예수님의 죽음으로 인하여 예수께서 여호와와 인간의 사이에 길이 되셨음을 상징적으로 나타낸 것입니다.

강한 땅과 바위가 무너졌습니다. 세상을 바꿔 놓은 예수님은 땅과 바위의 강함보다 더 큰 힘을 지니신 왕이심을 암시한 현상입니다.

이 사람들은 무엇이든지 그 알지 못하는 것을 비방하는도다 또 그들은
이성 없는 짐승 같이 본능으로 아는 그것으로 멸망하느니라

사람이 정말 알지 못한다면 아무 말도 할 수 없습니다.

그 어떤 행위도 할 수 없는 까닭은 아무것도 알 수 없으므로 판단조차
수 없기 때문입니다.

그래서 모른다고 하면서 특정 행위를 한다는 것은 본능으로 생각하고
판단하여 행위를 한다는 것인데 이때 본능적인 판단은 짐승의 것과 같으
니 사람으로써는 알 수 없는 것을 비방하며 더 나아가 공격하므로 사람이
본능으로만 안다면 동물보다 못하게 되므로(진짜 동물은 악이 없습니다)
그 끝이 멸망한다는 말씀입니다.

지나쳐 그리스도의 교훈 안에 거하지 아니하는 자는 다 하나님을 모시
지 못하되 교훈 안에 거하는 그 사람은 아버지와 아들을 모시느니라

그리스도의 교훈은 마태복음에서 요한복음까지 기록된 복음이니 이 가
르침 안에 있지 않으면 예수님을 주로 시인하지 않아 하나님을 영접하고
마음에 들일 수 없으나 그리스도의 가르침 안에 있으면 그리스도께서 문
을 여사 여호와 하나님을 마음에 거하게 할 수 있고 그리스도 또한 마음
에 거하게 할 수 있습니다.

예수 그리스도는 사람이 평안을 누리게 하는 길과 진리입니다.

미혹하는 자가 세상에 많이 나왔나니 이는 예수 그리스도께서 육체로

오심을 부인하는 자라 이런 자가 미혹하는 자요 적그리스도이니

예수께서는 2천 년 전 육신이 부활하셨습니다.

결과적으로 돌아가신 게 아니라 살아서 승천하셨습니다. 주께서 인류에게 육신을 보이실 때가 있으리니 그때가 되면 죽을 자들은 이를 갈며 슬피 우는 그곳, 스올의 흐느낌을 느낄 것입니다.

스올은 길이 흐느끼는 길로 끊임없는 추락의 길로 이루어져 있습니다. 사람이 눈으로 볼 수 없다고 물질세계의 모습이 존재하는데도 존재하지 않는 것으로 부인하는 것은 동물의 사물인식과 같습니다.

인간으로써 값어치를 하려면 사고방식이 동물보다 낫고 신을 닮은 인간다움을 갖추어야 합니다.

세월이 지난 후에 가인은 땅의 소산으로 제물을 삼아 여호와께 드렸고
아벨은 자기도 양의 첫 새끼와 그 기름으로 드렸더니 여호와께서 아벨
과 그의 제물은 받으셨으나
가인과 그의 제물은 받지 아니하신지라 가인이 몹시 분하여 안색이 변
하니

창세기에 등장하는 인류의 첫 사람 아담과 이브의 자식 가인과 아벨의
이야기에서 아벨은 훗날 이스라엘의 번제의식인 양의 첫 새끼를 제물로
드려 제사장의 역할을 하여 여호와께서 흠향하셨습니다.
형인 가인은 자신의 제사를 받아 주지 않는 이유를 알 수 없기에 격분하
였고 곧 질투로 인하여 아벨을 죽였습니다. 이 일은 안타까운 살인사건이
자, 먼 훗날에 예수님이 십자가에 못 박히신 일의 복선 역할을 합니다.

신명기 14:21

너희는 너희의 하나님 여호와의 성민이라 스스로 죽은 모든 것은 먹지 말 것이나 그것을 성중에 거류하는 객에게 주어 먹게 하거나 이방인에게 파는 것은 가하니라 너는 염소 새끼를 그 어미의 젖에 삶지 말지니라

염소 새끼를 그 어미젖에 삶는 것은 음란한 음식이 됨이니 하나님께 역겨운 음식이 됩니다. 새끼를 낳는 것은 사람을 낳는 인간조차도 부정한 몸이 되는데 동물은 더 심할 것입니다. 어미 되는 암염소의 음란함을 나타내는 음식입니다. 고대에는 이렇게 새끼와 어미 염소의 음란함을 뿌려 놓은 듯한 것을 음식으로 먹는 것을 율법으로 금하였습니다.

그러므로 나는 사람이 자기 일에 즐거워하는 것보다 더 나은 것이 없음을 보았나니 이는 그것이 그의 몫이기 때문이라 아, 그의 뒤에 일어날 일이 무엇인지를 보게 하려고 그를 도로 데리고 올 자가 누구이랴

세상의 모든 것이 헛되나 자기의 달란트, 숙명적인 자신의 일을 하는 자가 스스로를 기쁘게 하고 보람되고 행복하게 합니다. 기뻐하는 그에게 불투명한 미래를 보게 할 자는 없습니다. 자신의 일을 스스로 기뻐한다는 것을 아는 사람에게는 헛되다 말할 수 없습니다.

하나님이 각 사람에게 정하신 일은 사람을 행복하게 하므로 인간의 생각과 주장보다 하나님의 뜻을 알아서 따를 때 사람이 헛된 것에서 벗어남을 인지하고 주님을 따름으로 행복이 뒤따랐다는 사실을 깨달아야 합니다.

내가 궁핍하므로 말하는 것이 아니니라 어떠한 형편에든지 나는 자족
하기를 배웠노니
나는 비천에 처할 줄도 알고 풍부에 처할 줄도 알아 모든 일 곧 배부름
과 배고픔과 풍부와 궁핍에도 처할 줄 아는 일체의 비결을 배웠노라

바울은 탄력적인 인생 경험을 말하고 있습니다.

양면적인 삶을 겪고 난 사람은 삶의 지식이 깊고 인생을 아는 사람이
됩니다. 젊은이와 늙은이의 선입견은 이런 사람들에게는 적용되지 않습
니다.

저는 모든 삶을 알지는 못하나 그래도 인생 경험을 비교적 많이 했습
니다.

죽음을 넘나들기도 하였으며 행복하기도 했으며 괴로움과 걱정이 있었
고 어린 시절 풍족하게 자라기도 하였습니다. 부모가 재력가는 아니어도
저의 부모님은 저에게 부족함을 채워 주었습니다. 어린 시절 양육받을 때
는 풍족하였습니다.

사람이 어려울 때는 최대한 소비를 줄여야 합니다.

소비를 아예 안 하면 삶이 망가져 바람직하지 않지만 최대한으로 소비
를 줄여야 합니다.

탄력적인 자기 경영은 자신을 건강한 사람으로 만들어 줍니다.

그리고 형편에 따라 하나님을 달리 대하는 것을 방지해 주기 때문에 어

떤 상황이든 만족하는 법을 익혀 두는 것은 마귀가 틈타는 것을 방지하게 합니다.

하나님이여 주의 판단력을 왕에게 주시고 주의 공의를 왕의 아들에게 주소서

그가 주의 백성을 공의로 재판하며 주의 가난한 자를 정의로 재판하리니

의로 말미암아 산들이 백성에게 평강을 주며 작은 산들도 그리하리로다

그가 가난한 백성의 억울함을 풀어 주며 궁핍한 자의 자손을 구원하며 압박하는 자를 꺾으리로다

그들이 해가 있을 동안에도 주를 두려워하며 달이 있을 동안에도 대대로 그리하리로다

그는 벤 풀 위에 내리는 비 같이, 땅을 적시는 소낙비 같이 내리리니

그의 날에 의인이 흥왕하여 평강의 풍성함이 달이 다할 때까지 이르리로다

그가 바다에서부터 바다까지와 강에서부터 땅 끝까지 다스리리니

광야에 사는 자는 그 앞에 굽히며 그의 원수들은 티끌을 핥을 것이며

다시스와 섬의 왕들이 조공을 바치며 스바와 시바 왕들이 예물을 드리리로다

모든 왕이 그의 앞에 부복하며 모든 민족이 다 그를 섬기리로다

그는 궁핍한 자가 부르짖을 때에 건지며 도움이 없는 가난한 자도 건지며

그는 가난한 자와 궁핍한 자를 불쌍히 여기며 궁핍한 자의 생명을 구원하며

그들의 생명을 압박과 강포에서 구원하리니 그들의 피가 그의 눈앞에

서 존귀히 여김을 받으리로다

그들이 생존하여 스바의 금을 그에게 드리며 사람들이 그를 위하여 항

상 기도하고 종일 찬송하리로다

산꼭대기의 땅에도 곡식이 풍성하고 그것의 열매가 레바논 같이 흔들리

며 성에 있는 자가 땅의 풀 같이 왕성하리로다

그의 이름이 영구함이여 그의 이름이 해와 같이 장구하리로다 사람들

이 그로 말미암아 복을 받으리니 모든 민족이 다 그를 복되다 하리로다

홀로 기이한 일들을 행하시는 여호와 하나님 곧 이스라엘의 하나님을

찬송하며

그 영화로운 이름을 영원히 찬송할지어다 온 땅에 그의 영광이 충만할

지어다 아멘 아멘

이새의 아들 다윗의 기도가 끝나니라

본문은 하나님이 지니신 판단력을 다윗 왕에게 주고 솔로몬 자신에게

는 공의를 달라고 기도하는 내용입니다.

하나님 나라의 왕은 나라를 다스릴 때 판단력과 공의가 필요합니다. 솔

로몬은 개인의 안녕과 삶만을 구하지 않고 "가난한 자와 의인을 살리겠노

라"라며 여호와께 옳은 일에 쓰겠다 토로합니다.

여호와께 무언가를 구할 때는 의를 실현함과 동시에 원하는 것을 구하

는 것이 바람직합니다.

기독교인들이 하는 실수 중에는 재물을 얻기를 바랄 때 하는 기도인데

우리의 아버지이신 하나님은 이유 없이 큰 재물을 주는 것은 공의롭지 못

하므로 특별한 이유가 있을 때를 빼고는 주시질 않습니다.

어느 육신의 아버지가 어린 자식이 큰돈을 달라고 할 때 아무것도 묻지 않고 내어 줄까 생각합니다. 돈이 필요한 적절한 이유가 있어야 하고, 쓸모 있게 사용할 줄 알아야 하며, 사회와 세상에 의를 실현할 줄 알아야 합니다.

영적인 성장이 이루어져 다 자란 어른이 되고 돈을 받을 수 있는 적합한 경우일 때 기도하면 하나님께서 재물을 주십니다.

거짓 선지자들을 삼가라 양의 옷을 입고 너희에게 나아오나 속에는 노
략질하는 이리라

그들의 열매로 그들을 알지니 가시나무에서 포도를, 또는 엉겅퀴에서
무화과를 따겠느냐

이와 같이 좋은 나무마다 아름다운 열매를 맺고 못된 나무가 나쁜 열매
를 맺나니

좋은 나무가 나쁜 열매를 맺을 수 없고 못된 나무가 아름다운 열매를 맺
을 수 없느니라

아름다운 열매를 맺지 아니하는 나무마다 찍혀 불에 던져지느니라

이러므로 그들의 열매로 그들을 알리라

그날에 많은 사람이 나더러 이르되 주여 주여 우리가 주의 이름으로 선
지자 노릇 하며 주의 이름으로 귀신을 쫓아내며 주의 이름으로 많은 권
능을 행하지 아니하였나이까 하리니

그때에 내가 그들에게 밝히 말하되 내가 너희를 도무지 알지 못하니 불
법을 행하는 자들아 내게서 떠나가라 하리라

그러므로 누구든지 나의 이 말을 듣고 행하는 자는 그 집을 반석 위에
지은 지혜로운 사람 같으리니

비가 내리고 창수가 나고 바람이 불어 그 집에 부딪치되 무너지지 아니
하나니 이는 주초를 반석 위에 놓은 까닭이요

나의 이 말을 듣고 행하지 아니하는 자는 그 집을 모래 위에 지은 어리
석은 사람 같으리니
비가 내리고 창수가 나고 바람이 불어 그 집에 부딪치매 무너져 그 무너
짐이 심하니라

주님께서는 나무의 비유를 통해 사람의 행위의 결과물을 열매라 하셨
습니다. 선지자로써 주의 이름으로 많은 권능을 행하였다 하더라도 마음
이 예수 보시기에 옳지 않았다면 겉만 예수 그리스도를 찾고 그 이름으로
행하나 실질적인 것은 부정한 자, 신접한 자와 같을 것입니다.

하나님을 따라 사람은 시작과 끝이 같아야 합니다.

알파와 오메가라 하신 주님의 말씀을 기억해야 합니다. 그러므로 그들
의 시작(행위의 방향 설정)과 열매(결과물)가 그들의 본래 모습을 말할 것
입니다.

예수님의 아름다운 향기가 나는 사람은 반석 위에 터 닦고 집을 짓는 자
와 같고, 예수님의 향기가 나지 않으면 무너져 버리는 모래 위에 지은 집
과 같습니다.

잠언 10:5

여름에 거두는 자는 지혜로운 아들이나 추수 때에 자는 자는 부끄러움
을 끼치는 아들이니라

우주의 여름에는 선과 악이 공존하여 함께 자라나 악의 잡초를 피해 자
란 의의 곡식을 지혜로 분별하여 곡식을 여름에 거두는 자를 지혜로운 아
들이라 하였고, 가을이 도래한 때 추수를 해야 함에도 잠을 자고 거두지
아니한 자는 그 게으름이 온 세상에 알려지니 아버지가 부끄럽다 여기는
것입니다.

일찍 준비하는 것은 부지런함을 의미하는 것이라 비난받지 않습니다.
이것은 비유에서 그치지 않으며 사람은 부지런한 인상을 주고 무엇이든
미리 준비하는 자가 되어야 합니다.

잠언 28:5

악인은 정의를 깨닫지 못하나 여호와를 찾는 자는 모든 것을 깨닫느니라

히브리서 11:6

믿음이 없이는 하나님을 기쁘시게 하지 못하나니 하나님께 나아가는 자는 반드시 그가 계신 것과 또한 그가 자기를 찾는 자들에게 상 주시는 이심을 믿어야 할지니라.

악인은 눈이 어두워 정의롭고 공정한 일 처리에 대해 무지하며 관심이 없으므로 악한 길로 가나 여호와를 찾는 자는 의인이며 하나님이 상 또한 주시되 이에 더하여 모든 것을 깨우칠 수 있는 지혜를 준다는 사실을 알아야 합니다. 의인은 하나님께로부터 누릴 게 많고 받을 것이 많습니다. 여호와를 찾는 자에게는 상 또한 약속하셨고 하나님께서는 이를 믿으라고 말씀하십니다.

말씀의 비밀 1

의인이 악인 앞에 굴복하는 것은 우물이 흐려짐과 샘이 더러워짐과 같
으니라

자기의 마음을 제어하지 아니하는 자는 성읍이 무너지고 성벽이 없는
것과 같으니라

본문은 죄를 짓더라도 의인은 악인을 슬기롭게 이겨야 함을 말해 주고
있습니다.

궁지에 몰려 죄를 짓더라도 이기는 자가 돼야 합니다.

의인의 굴복은 보통 사람들에게 많은 피해를 입힙니다. 의인은 사람들
의 샘물과 우물을 깨끗하게 지켜 주는 성과 같습니다. 말씀처럼 자신의
마음을 다스리지 못하면 보호해 줄 보호막도 없어지게 됩니다. 그래서 마
귀가 붙어 더럽혀지고 스스로 괴로운 상황을 만들게 되므로 자신의 마음
을 스스로 컨트롤하여 신이 보호해 줄 수 있도록 노력해야 합니다.

하나님이 그 길을 아시며 있는 곳을 아시나니

이는 그가 땅 끝까지 감찰하시며 온 천하를 살피시며

바람의 무게를 정하시며 물의 분량을 정하시며

비 내리는 법칙을 정하시고 비구름의 길과 우레의 법칙을 만드셨음이라

그 때에 그가 보시고 선포하시며 굳게 세우시며 탐구하셨고

하나님께서 바람을 측정하시고 구름을 조절하셔서 인간에게 자연과학을 정하심을 욥이 증언하였습니다. 신에 대하여 과학과 상관없다 여기는 사람이 많으나 성서(욥기)는 신이 만든 자연에 대한 과학을 이야기하고 있습니다. 신의 영역은 과학이라는 사실을 인지해야 인류의 과학 발전이 탄력을 받아 빨라질 것입니다.

> 예수께서 그들에게 이르시되 너희가 반드시 의사야 너 자신을 고치라
> 하는 속담을 인용하여 내게 말하기를 우리가 들은 바 가버나움에서 행
> 한 일을 네 고향 여기서도 행하라 하리라

예수께서 이르시기를 "의사야 너 자신을 고치라"라는 말대로 "나의 고향이 의사와 같으니 고향에서 스스로를 고치라"고 할 것이라 말씀하셨습니다.

현대의 사람들은 그 말을 유머로 알고 앉아서 조용히 귀 기울이겠지만 옛날 유대마을은 진지하지만 많은 죄로 인하여 예수님의 세련된 화법을 사람들이 못 알아듣게 되어 제대로 받아들이지 못하였습니다. 그러나 시대가 흘러 사람들이 변하였고 예수님의 죽음으로 세상의 많은 죄가 사라졌으므로 성경은 현대에 와서도 여전히 유행하는 경전이 되었습니다.

태초에 하나님이 천지를 창조하시니라

땅이 혼돈하고 공허하며 흑암이 깊음 위에 있고 하나님의 영은 수면 위에 운행하시니라

하나님이 이르시되 빛이 있으라 하시니 빛이 있었고

빛이 하나님이 보시기에 좋았더라 하나님이 빛과 어둠을 나누사

하나님이 빛을 낮이라 부르시고 어둠을 밤이라 부르시니라 저녁이 되고 아침이 되니 이는 첫째 날이니라

하나님이 이르시되 물 가운데에 궁창이 있어 물과 물로 나뉘라 하시고

하나님이 궁창을 만드사 궁창 아래의 물과 궁창 위의 물로 나뉘게 하시니 그대로 되니라

하나님이 궁창을 하늘이라 부르시니라 저녁이 되고 아침이 되니 이는 둘째 날이니라

하나님이 이르시되 천하의 물이 한 곳으로 모이고 뭍이 드러나라 하시니 그대로 되니라

하나님이 뭍을 땅이라 부르시고 모인 물을 바다라 부르시니 하나님이 보시기에 좋았더라

하나님이 이르시되 땅은 풀과 씨 맺는 채소와 각기 종류대로 씨 가진 열매 맺는 나무를 내라 하시니 그대로 되어

땅이 풀과 각기 종류대로 씨 맺는 채소와 각기 종류대로 씨 가진 열매 맺는 나무를 내니 하나님이 보시기에 좋았더라

저녁이 되고 아침이 되니 이는 셋째 날이니라

하나님이 이르시되 하늘의 궁창에 광명체들이 있어 낮과 밤을 나뉘게
하고 그것들로 징조와 계절과 날과 해를 이루게 하라

또 광명체들이 하늘의 궁창에 있어 땅을 비추라 하시니 그대로 되니라

하나님이 두 큰 광명체를 만드사 큰 광명체로 낮을 주관하게 하시고 작
은 광명체로 밤을 주관하게 하시며 또 별들을 만드시고

하나님이 그것들을 하늘의 궁창에 두어 땅을 비추게 하시며

낮과 밤을 주관하게 하시고 빛과 어둠을 나뉘게 하시니 하나님이 보시
기에 좋았더라

저녁이 되고 아침이 되니 이는 넷째 날이니라

창세기 저자인 모세는 우주의 발생과 지구 탄생의 그 순서를 기술했습
니다.

야훼께서는 흙과 물이 뒤섞인 혼돈의 흙 속에서 눌려 있던 겨자씨만 한
우주세포를 꺼내 빅뱅현상을 통하여 현재까지 그 크기가 계속 확장되고
있습니다.

하나님께서는 우주씨앗을 혼돈한 흙과 물이 뒤덮인 가운데 던져 넣으
셨습니다. 창세 전 하나님께서는 홀로 계획하신 일들이 미래에도 예정되
어 있습니다.

지금의 사람들도 창세 전부터 계획하셨다 하듯 창세 때부터 끝없는 역
사가 이어지고 있습니다.

지구에서 보이지 않는 많은 별들이 우주 탄생 이후 얼마 지나지 않아 만
들어졌음을 예측하게 합니다.

궁창을 기준으로 물을 나뉘어 그 안에 우주가 들어차 우주는 수분이 없는 상태가 되었습니다.

"하나님이 궁창을 만드사 궁창 아래의 물과 궁창 위의 물로 나뉘게 하시니 그대로 되니라".

하나님이 이르시되 천하의 물이 한 곳으로 모이고 뭍이 드러나라 하시
니 그대로 되니라
하나님이 뭍을 땅이라 부르시고 모인 물을 바다라 부르시니 하나님이
보시기에 좋았더라

하나님이 지구를 만드셨습니다.

하나님이 이르시되 하늘의 궁창에 광명체들이 있어 낮과 밤을 나뉘게
하고 그것들로 징조와 계절과 날과 해를 이루게 하라
또 광명체들이 하늘의 궁창에 있어 땅을 비추라 하시니 그대로 되니라
하나님이 두 큰 광명체를 만드사 큰 광명체로 낮을 주관하게 하시고 작
은 광명체로 밤을 주관하게 하시며 또 별들을 만드시고

하나님이 해와 달(광명체)과 지구에서 바라볼 수 있는 별(행성, 항성
등)을 만드셨습니다.

베드로가 이르되 네가 하나님의 선물을 돈 주고 살 줄로 생각하였으니
네 은과 네가 함께 망할지어다
하나님 앞에서 네 마음이 바르지 못하니 이 도에는 네가 관계도 없고
분깃 될 것도 없느니라

하나님께서는 돈으로 받고 파는 상인의 기질을 하나님과 인간의 관계에서는 아주 악하고 나쁜 것으로 보셨습니다. 지금도 세상에 이단인 종교 장사꾼들이 있어 아는 사람들은 이를 경멸하고 있습니다.

상업적 특성은 하나님을 마주할 때 바르지 못하여 신으로부터 얻을 것이 아무것도 없음을 말씀하셨습니다.

미련한 자에게는 영예가 적당하지 아니하니 마치 여름에 눈 오는 것과 추수 때에 비 오는 것 같으니라

까닭 없는 저주는 참새가 떠도는 것과 제비가 날아가는 것 같이 이루어 지지 아니하느니라

말에게는 채찍이요 나귀에게는 재갈이요 미련한 자의 등에는 막대기니라

미련한 자의 어리석은 것을 따라 대답하지 말라 두렵건대 너도 그와 같을까 하노라

미련한 자에게는 그의 어리석음을 따라 대답하라 두렵건대 그가 스스로 지혜롭게 여길까 하노라

미련한 자 편에 기별하는 것은 자기의 발을 베어 버림과 해를 받음과 같으니라

저는 자의 다리는 힘없이 달렸나니 미련한 자의 입의 잠언도 그러하니라

미련한 자에게 영예를 주는 것은 돌을 물매에 매는 것과 같으니라

미련한 자의 입의 잠언은 술 취한 자가 손에 든 가시나무 같으니라

장인이 온갖 것을 만들지라도 미련한 자를 고용하는 것은 지나가는 행인을 고용함과 같으니라

개가 그 토한 것을 도로 먹는 것 같이 미련한 자는 그 미련한 것을 거듭 행하느니라

네가 스스로 지혜롭게 여기는 자를 보느냐 그보다 미련한 자에게 오히려 희망이 있느니라

미련한 자에 대한 특징을 기술하고 있는 잠언 26장 말씀에는 미련한 자와 좋은 것의 어울림에 관하여 때이름과 어울리지 않음을 설명하고 있습니다.

미련한 자에게 매를 쳐서라도 일깨워 주며 미련한 자에게는 그와 같은 방식으로 대답하여 주고 연락도 하지 말라 하였으며 그 어리석음은 아무것도 모르는 행인과 같고 미련함의 반복은 사람들을 혐오하게 하며 미련한 자보다 더한 자는 스스로 지혜롭게 여기는 자라고 설명하였습니다. 잠언을 통하여 미련한 자의 한계와 그들의 어쩔 수 없는 어리석음에 대해 알게 하고 미련한 자가 어떤 자인지 알게 한 솔로몬 왕에 대하여 감사해야 합니다. 읽는 자에게 지혜가 자랄 수 있도록 사람을 구별할 수 있도록 권고하는 말씀이기 때문입니다.

잠언 25:15

오래 참으면 관원도 설득할 수 있나니 부드러운 혀는 뼈를 꺾느니라

인내심은 일을 해결하는 것에 약이 되고 강함과 완고함을 무너뜨리고 인정을 품게 하는 길이 되며 부드러운 혀의 말은 인간의 가장 강한 뼈조차 꺾어 인내하는 자의 말을 듣게 합니다. 교훈은 사람을 현명하게 합니다.

은밀한 선물은 노를 쉬게 하고 품 안의 뇌물은 맹렬한 분을 그치게 하느
니라

분노한 사람에게 조용히 선물을 안겨 주면 받은 자는 노기가 가라앉게
되고 권력자의 품안에 있는 사람이 권력자에게 주는 뇌물은 권력자의 화
를 잊게 합니다.

이것은 뇌물이나 뇌물이 아닙니다.

혈연관계와 유사한 관계에 있는 권력자의 품 안에 있는 자가 물질을 바
치면 그것은 인간관계에서 마땅히 해야 할 도리가 되기 때문입니다.

잠언 19:13

미련한 아들은 그의 아비의 재앙이요 다투는 아내는 이어 떨어지는 물
방울이니라

미련한 자식의 아버지는 눈앞이 캄캄해지고 수렁 속으로 갇히는 듯 가
슴이 답답해짐을 느끼고, 다투는 아내는 결국 바위를 뚫고야 마는, 이어
떨어지는 물방울처럼 끈질기고 남편을 파괴하는 힘이 강한 여자입니다.
이는 지혜와 진리의 말씀이니 마음에 두고 대책을 세워야 복이 있습니다.

너희는 믿지 않는 자와 멍에를 함께 메지 말라 의와 불법이 어찌 함께 하며 빛과 어둠이 어찌 사귀며

그리스도와 벨리알이 어찌 조화되며 믿는 자와 믿지 않는 자가 어찌 상관하며

하나님의 성전과 우상이 어찌 일치가 되리요 우리는 살아 계신 하나님의 성전이라 이와 같이 하나님께서 이르시되 내가 그들 가운데 거하며 두루 행하여 나는 그들의 하나님이 되고 그들은 나의 백성이 되리라

예수를 믿지 않는 자와 양심의 구속과 억압을 함께하지 말 것입니다. 이는 불가능한 일입니다. 빛과 어둠은 한 끝 차이라도 양면으로 되어 있어 서로 만날 수 없으므로 사귈 수 없습니다.

그리스도와 악마가 균형을 이룰 수 없으며 믿는 자와 믿지 않는 자는 서로 상관할 수 없습니다.

서로 상관하려 드는 것은 전쟁을 암시합니다.

서로의 금지구역에 들어설 때 싸움이 시작됩니다.

하나님의 성전과 우상은 살아 있는 것과 죽은 것으로 서로 반대되며 그리스도인은 하나님의 살아 계신 성전입니다. 그리스도인은 몸을 거룩히 하여야 하며 그들은 하나님의 백성입니다.

무지한 말로 이치를 가리는 자가 누구니이까 나는 깨닫지도 못한 일을
말하였고 스스로 알 수도 없고 헤아리기도 어려운 일을 말하였나이다

아첨하여 그럴듯한 중상모략으로 세상과 사물의 이치를 가리고 입에는
쓰나 배 속에서는 달고 단 약을 버리거나 뱉게 하는 사람들이 어디에나
존재합니다.

성령께서 욥에게 입술로 먼저 시인하게 하시고 깨달음은 나중에 얻게
하셨습니다.

일이 이럴진대 다른 종교에서 깨달음은 스스로 먼저 깨달아 경지에 올
라야 한다고 주장하나 야훼께서는 이를 엎으셨으며 신의 계획에 따라 인
간은 깨달음 전에 미리 알 수 있게 하시기도 한다는 것을 성서에 기록하
였습니다. 이것은 귀중한 말씀이며 신들의 왕 야훼의 하나님을 경외하게
하는 말씀입니다.

형통한 날에는 기뻐하고 곤고한 날에는 되돌아보아라 이 두 가지를 하나님이 병행하게 하사 사람이 그의 장래 일을 능히 헤아려 알지 못하게 하셨느니라

기쁨과 곤고함을 번갈아 주심은 앞날에 대한 예측으로 인한 자만심을 경계하기 위함입니다.

성공이라는 안심하는 마음으로 미래를 헤아리는 순간 미래가 불행으로 뒤바뀔 수 있으므로 애초부터 헤아리지 못하게 하셨습니다. 하나님은 인간을 괴롭히려고 창조한 게 아니라 태어나서 보다 편하고 행복하게 살기를 바라기 때문에 만드셨습니다. 하나님이 인류에게 진실된 아버지이신 이유입니다.

지혜가 지혜자를 성읍 가운데에 있는 열 명의 권력자들보다 더 능력이
있게 하느니라
선을 행하고 전혀 죄를 범하지 아니하는 의인은 세상에 없기 때문이로다

열 명의 권력자는 지혜자에게 권력을 통하여 아둔해짐과 눈이 멀어 권
력대로 행동하는 현상을 보여 주어 지혜자는 권력보다 지혜가 더 이롭다
여깁니다. 세상에 사는 의인들도 아예 죄를 범하지 않는 자는 세상에 아
주 없다 하셨고 의인도 죄를 범하기 때문에 지혜자가 존재해야 하며 그가
권력자 10명보다도 더 능력이 있는 것입니다. 이것은 진리입니다.

아담과 하와가 에덴동산에서 쫓겨난 후 인간은 죄를 짓는 환경에 노출
되었습니다. 사람들은 힘들게 살아야 하는 세상에 있습니다. 세상은 죄짓
기 자연스러운 곳입니다. 그러나 의롭게 살기 위해 노력해야 합니다.

그것이 행복으로 가는 길이기 때문입니다.

보라 내가 너를 나라들 가운데에 매우 작게 하였으므로 네가 크게 멸시
를 받느니라

하나님께서는 나라들을 작게도 만드시고 크게도 만드시는 분이십니다.
하나님이 선택하여 세우고자 하시면 그 나라는 땅덩이가 작고 인구수가
적더라도 만국 위에 우뚝 서서 세계를 다스릴 것이며 하나님이 멸하려 하
는 나라는 벌레만도 못하게 만들어 모든 나라의 비난과 무시를 당하게 하
시는 분이십니다.
　여러 나라들과 민족들은 하나님 앞에 겸손해야 합니다.

잠언 16:7

사람의 행위가 여호와를 기쁘시게 하면 그 사람의 원수라도 그와 더불어 화목하게 하시느니라

일상생활에서 얻는 성경의 지혜와 교훈으로 '기존의 낡은 인간관계를 파기하고 하나님께서 사랑으로 서로 화목케 하는 관계를 만들어 주신다'는 것을 체험하였고 화목함의 은혜를 받음을 감사하고 있습니다.

친구 하나가 원수가 돼서 대립하였으나 여호와께서 저를 사랑하셔서 그 친구를 제게 '협력자'로 만드셨고 그럭저럭 잘 지내고 있습니다.

하나님은 인간관계에서도 기적을 베푸시는 전지전능한 분입니다.